本淨

《椎擊三要》口訣教授

頂果・欽哲法王 講授
那灡陀翻譯小組 輯錄
劉婉俐 中譯

雪謙文化

目錄

頂果・欽哲・揚希仁波切長壽祈請文 4

誌謝 5

譯序 8

第一章　見 11

第二章　修 47

第三章　行 78

智者師利・嘉波的不共法教：《椎擊三要》（英文中譯版） 107

智者師利・嘉波的不共法教：《椎擊三要》（藏文中譯版） 112

頂果・欽哲之友與雪謙寺簡介 118

頂果．欽哲．揚希仁波切長壽祈請文

嗡　吉祥

無邊勝者法嗣之恩慈

稀有三根本尊加持力

殊勝上師**悲智**大寶藏

如願化現無比化身尊

鄔金怙主**無畏持教者**

無偏經續傳承十方勝

蓮足不壞堅固金剛界

利樂所願無勞**任運**成

為了吉祥之故，偉大金剛持、怙主頂果．欽哲的珍貴殊勝轉世，由勝者主尊、皈依怙主、輪涅導師（至尊達賴喇嘛）仁慈賜名，並在瑪拉蒂卡（Maratika）的長壽岩洞獻予莊嚴法袍。同時，語自在．法慧（Vagindra Dharmamati）、名為夏杜．楚璽的迷惘比丘，以專一願心在吉祥木豬年十一月上弦初八殊勝日（西元 1995 年 12 月 29 日）寫下並獻上此長壽祈請文。

誌謝

頂果・欽哲仁波切在他一生中，曾到過北美三次。在 1987 年的第三次旅程中，他主持了持明邱揚・創巴仁波切的荼毘大典，然後在三個主要的金剛法界（Vajradhatu）中心：佛蒙特州的噶瑪秋林（Karme Chöling）、科羅拉多州波德市的噶瑪宗（Karma Dzong）、和加拿大新斯科細亞省哈立法克斯市（Halifax, Nova Scotia）的噶瑪宗等地，傳授了一系列的佛法課程。在這些研討課程的金剛乘部分，欽哲仁波切闡述了最高法乘的修行精要。在噶瑪秋林，他教授了前行法，做為他自己伏藏法教《自生蓮花心髓》（*Rangjung Pema Nyingthik*）前行法的核心說明；在波德市，他主要著重在金剛乘修行的有相面向，以中陰法教為輔，並聚焦在儀軌修行的關鍵要點上，特別以金剛薩埵儀軌為參照。這些開示出版為《淨相》（*Pure Appearance*）一書（2016 年由香巴拉出版社發行）。

在哈立法克斯，欽哲仁波切強調金剛乘修行的無相面向，聚焦在且卻（trekchö）的修行上、「立斷」以臻至本淨。他以《椎擊三要》根本頌和巴楚仁波切的釋論為基礎而教授。《椎擊三要》是極喜金剛（Prahevajra）、噶拉・多傑（Garab Dorje，極喜金剛的藏文）圓寂後傳給文殊友（Manjushrimitra）的教訣——這兩位是大圓滿最初的傳承持有者。在 1987 年 6 月 25 日到 27 日的這三次開示中，也就是本書的內容裡，欽哲仁波切描述了大圓滿的見、修、行。我們很榮幸能將欽哲仁波切的這些精華心要，獻給金剛法界的金剛乘僧團與其他人。

欽哲仁波切開示時的口譯是塔隴・才楚・貝瑪・旺嘉仁波切（Taklung Tsetrul Pema Wangyal Rinpoche），他留意到，由於欽哲仁波切的教授長度以及法教內容的微妙，在出版前，這些教授必須重新翻譯過。我們很幸運，欽哲仁波切的資深弟子且曾是仁波切翻譯的金巴・帕嫫尼師（Ani Jinba Palmo），願意承擔此項計畫。鄔金・賢遍喇嘛（Lama Ugyen Shenpen）負責直接從錄音帶和一份藏文謄稿謄寫，金巴尼師再重新翻譯欽哲仁波切講稿的全文。她直接向吉美・欽哲仁波切（Jigme Khyentse Rinpoche）請益，吉美・欽哲仁波切釐清了許多文稿中的困難之處，我們也深深地感謝這兩位欽哲仁波切的善巧、博學弟子。我們也要一併感謝欽哲仁波切的翻譯馬修・李卡德（Matthieu Ricard），他閱讀了一部份的最初譯稿，並提供了許多深具價值的建言。

《本淨》的出版是毗盧遮那翻譯小組的職責所在，謝拉・秋津・孔恩（Sherab Chödzin Kohn）和史考特・維能巴赫（Scott Wellenbach）擔任編輯，負責諮詢鄔金・賢遍喇嘛和秋南・瓦茲喇嘛（Lama Chönam Wazi）；賴瑞・孟梅斯坦（Larry Mermelstein）則負責完稿和排版；賀柔・貝秋茲（Hazel Bercholz）執行構圖設計。

《椎擊三要》根本頌的譯文，也附在本書之中。在祖古・東杜（Tulku Thondup）的首譯之後，出現了一些付梓出版的譯本和私下流通的版本。艾瑞克・貝瑪・昆桑（Erik Pema Kunsang）的譯本，最初刊行在《水晶洞》（*Crystal Cave*）一書中，承其慨允而收錄在此。因為這個譯本與金巴尼師的譯文最為接近，雖然他有一些術語的用法被稍加修訂了。艾瑞克在其譯本首度出版後，也曾做過一些修改，我們很高興能把這些收錄進來。

在本書一開頭的長壽祈請文，是楚璽仁波切於欽哲仁波切轉世由至尊達賴喇嘛授予法名和法袍的場合所寫下的。

我們深深感謝雪謙・冉江仁波切（Shechen Rabjam Rinpoche）承許這些開示的出版，此次出版的部分收入，將做為贊助雪謙寺之用，雪謙寺是位於尼泊爾加德滿都波達區（Boudhnath）的欽哲仁波切駐錫之處。

譯序

《淨相：金剛乘修行的生起次第與圓滿次第》和《本淨：《椎擊三要》口訣教授》這兩本書，是三十年前的夏秋之際，頂果法王在北美主持邱揚．創巴仁波切荼毘大典後傳授予其僧團而結集成書的系列法教。時至今日，這些法教依舊鮮活如昔、精闢直指，毫無任何時空的隔閡。

在《淨相》中，頂果法王依序解說了金剛乘生起次第與圓滿次第的要點，包括：生起次第的基礎與前行——灌頂的類別、內容、和涵義；生起次第的儀軌修持與核心——寧瑪派不共法教的三三摩地（如是三摩地、遍照三摩地、因三摩地），與佛三身（法身、報身、化身）的對應等；以及圓滿次第的修行——以六種中陰為主的教授；最後，以金剛薩埵儀軌為例，闡示了生起次第觀修的三大要點（觀想細節、憶念清淨、和本尊佛慢）與四釘（顯相為本尊之釘、持誦咒語之釘、不變見之釘、和行持事業之釘）。除了把生起次第與圓滿次第的內涵，以一個完整的修道次第清楚呈現外，法王也詳細解說了在這些次第中所涵攝的清淨、圓滿、成熟等作用，佛教傳統各種相應的譬喻，以及新譯派與寧瑪派傳承的些微差異等。

以《淨相》所述的生起次第與圓滿次第為基礎，《本淨》則以大圓滿法《椎擊三要》的「立斷」之見為本，從見、修、行的角度，分別詳述了大圓滿法的修持要點，將口訣、名相、法義、與傳承巧妙地扣合在一起，一氣呵成地指出見（認出、本淨）、修（決定、分辨）、與行（自解脫）的密切連結，顯示基、道、果的一體相融。大圓滿祖師極喜金剛所傳下的《椎擊三要》口訣，歷來被視為寧瑪派大圓滿法的經典珍寶，民國初年即有漢譯，近年來也多有高僧大德講說、弘傳。在《本淨》一書中，頂果法王親述的《椎擊三要》法教，曉暢易懂，卻又櫛次謹嚴、深廣奧妙，實是大圓滿法行者在聞、思、修中的必備法炬。

附帶一提，近幾年由雪謙文化出版，從頂果法王伏藏法《明示甚深道：《自生蓮花心髓》前行釋論》的前行法教，到《淨相》的生起次第與圓滿次第修持，最後到《本淨》中的大圓滿法，已然勾勒、提供了一套完備的修道體系。有心追隨、依教實修的法友，請務必在藏傳佛教具德上師的指導之下，接受灌頂、口傳、與講解，循序漸進地進行各次第的修持。如此一來，這些法教中的甘露指引，才能如法、有效地融入我們的心中與修行中。

做為對頂果法王的頂戴禮敬，在雪謙．冉江仁波切的開許之下，繼英文版的《淨相》和《本淨》於歐美面世後，中譯本也旋即迻譯出版。書中若有任何貽誤之處，皆屬譯者力殆，尚祈上師三寶與護法寬宥。祈願藉此珍貴法寶的公開、傳揚，能讓正法久住、聖教不衰，更願具德上師常轉法輪，有緣眾生早日解脫輪迴、速證菩提。

2017 年初秋，頂果法王圓寂 26 週年前夕

劉婉俐謹誌於台北

第一章

見

「為了引領等虛空一切眾生證得圓滿佛果，願我聽聞此甚深、崇高法教。」為此我們必須生起殊勝的菩提心，並以這種發心來聽聞佛法，才能妥善地牢記每件事。至於法教的次第，殊勝的密咒乘高於檢視性相的顯宗。根據寧瑪派的傳承，法教可分為九乘，第九乘是大圓滿乘。大圓滿乘可分為外的心部（藏文：semde）、內的界部（藏文：longde）、和密的關鍵或口訣部（藏文：men-ngag-de）。我將在此傳授的法教屬於密的口訣部。在口訣部裡，有兩個部分：且卻、「立斷」之道，是為了解脫非常精進的學生；以及托嘎（thögal）、「頓超」之道，是為了無勞辛勤地解脫懶惰的學生。

首先，我將解說立斷的次第，在此有兩個部分：傳承的歷史、有助於增長信心的了解；以及見、修、行要點的詳盡解說。

傳承歷史

一開始，透過解說傳承的歷史，能幫助信心的增長，有云：「頂禮無上根本上師、悲心之寶藏」。做為皈依境，因為上師是一切皈依的總集，上師被稱為無上；做為供養的對境，上師也是無上的，因為僅是向上師皮膚的一個毛孔獻供，也比向千佛獻供更有價值和更具福德；至於悲心的加持，上師的加持也是無上的，因為僅是修持上師瑜伽並向你的上師祈請，將會讓俱生智在你的心中不費力地現起。

諸佛菩薩對眾生的慈愛，就像是母親對她獨子的愛。在此五濁惡世中，眾生無法親見佛面或聽聞佛語。出自對一切眾生的大愛，以一切諸佛悲、智、力的智慧，且為了那些被調伏者的緣故，上師擇取了人身——具六大的金剛身。就功德的面向而言，上師與諸佛無異；就慈愛與悲心的面向而言，上師更勝過一切諸佛。如頌文所言：「頂禮具恩根本上師。」上師是悲心的怙主。

在此我所解說的修行中，由於上師是一切皈依的總集，在向上師頂禮時，吾人也向一切的皈依處頂禮。那吾人要怎樣認出這個上師？從法身普賢王如來直到吾人現前根本上師的這些導師，都是上師。根據舊譯派的說法，有三種傳承：勝者密意傳承、持明指示傳承、和殊勝士夫口耳傳承。

勝者密意傳承

讓我們先來談談勝者密意傳承。一切法身諸佛都圓滿了解脫和成熟的二十四種功德。法身佛住於三時平等捨中，從無間斷，住於其自證智的法界中、無染內明的佛身與本智海。一切無所緣法轉為此無所緣智（unconditioned wisdom），即稱做法輪。這些無所緣法[1]並非出自凡夫個人努力而來的一般凡俗文字。

勝者密意傳承從法身普賢王如來傳下，傳予報身五方佛。吾人可能會問這個密意傳承為何？從須修學者的角度來描述法身普賢王如來和五方佛：在新譯派的傳承中，法身佛普賢王如來、最初即圓滿證悟的本初佛，稱做金剛持或第六金剛持。做為一切佛部的主尊，祂是五方佛的部主，因此以第六尊、金剛持著稱，指的便是法身。法身的本性可從五智來加以理解，五智和五方佛相關。與這五佛部相關連的五佛，分別是：不動佛、寶生佛、阿彌陀佛、不空成就佛、和毗盧遮那佛。雖然有這五種類別，但基本上並無任何高、低之分，普賢王如來和這五佛之間，也無大、小悲心之別。祂們好比是反射在水晶球上的諸多形相，都俱現在水晶球裡。

雖然無法透過文字了知，下方五方佛的無所緣智，被法身普賢王如來的密意、其自證智所知；上方法身普賢王的無所緣密意，被五方佛所知。就這兩種本智或其功德而言，普賢王如來與五方佛之間並無任何分別。

舉例來說，假如有一百面鏡子掛在一個屋子裡，裡頭有個人，就會有這個人的一百個映像，因為這全都是同一人的映像，全都相同。

---

1 譯注：無所緣法另譯無為法。

勝者密意傳承就像這樣。

持明指示傳承

持明指示傳承由五方佛傳下給三怙主[2]，尤其是秘密主金剛手，然後傳予五聖者。根據大圓滿的說法，此傳承由五方佛傳予金剛薩埵，再傳給極喜金剛（另譯噶拉・多傑），就叫做持明指示傳承。

關於持明的意思：明或「覺」，指的是遠離常與斷的智慧。那些一直超越座上與座下之別的人，在悲界中手持（梵文 dhara）覺性，就被稱為持明（vidyadhara，「覺性持守者」）。關於持明的本初本性，此傳承的所有傳承持有者，從五方佛、秘密主金剛手、金剛薩埵等，到極喜金剛，都是佛。至於持明的化身，只不過被示予一個指示，便獲得了證悟。

這種透過示予指示的證悟是怎樣的？舉例來說，當蓮師、蓮花生大士遇見師利星哈（Shri Simha，另譯：吉祥獅子）時，師利星哈以直指手印指著蓮師的心間，唸道：Ko Ha A Sha Sa Ma Ha Drol，意思是：「一切現起，於現起時解脫。」僅是被示予這個指示，且聽到這些指示

2 譯注：三怙主指文殊菩薩、觀音菩薩、和金剛手菩薩。

的聲音，師利星哈與蓮師的心便無二無別，不需要任何實際的文字。正因為在這個傳承裡，證悟的傳遞係以這種方式發生，故被稱為持明指示傳承。

殊勝士夫口耳傳承

殊勝士夫口耳傳承由極喜金剛傳下，經阿闍黎文殊友（Manjushrimitra）、智者智經（Jnanasutra）、班智達無垢友（Vimalamitra）、和鄔金國蓮花生，再傳到君（國王赤松德贊）、臣（其他弟子）、伴（依喜・措嘉）等。為何稱做殊勝士夫口耳傳承？灌頂、口傳、和講授以文字和書寫的方式來傳授；由於這個傳承是透過某人的文字和另一人的聽聞而傳下，故被稱為殊勝士夫口耳傳承。

《椎擊三要》

這三個傳承濃縮在《椎擊三要》的口訣中，也就是我將在此解說的部分。從《椎擊三要》口訣的觀點而言，什麼是勝者密意傳承？就是遍知隆欽・冉江（Longchen Rabjam，意指「無盡大空界」），雖然隆欽・冉江是出生在西藏的一位上師，但他的智慧卻等同於佛的智慧。他證得了窮盡輪涅的境界。

大班智達無垢友承諾每一百年會投生在西藏一次，以弘傳大圓滿法教。他以這種方式不間斷地化現，直到蔣揚・欽哲・旺波（第一世欽哲）和當代的蔣揚・卻吉・羅卓（第二世欽哲、第一世宗薩欽哲）。

在所有的這些化身中，有一位偉大的上師，通曉他那個時代的各種學識，就是隆欽巴。他具有一切善妙功德，如精勤、聰慧、成就的覺受和證悟、以及殊勝的事業。在建立大圓滿法的基礎上，無人能望其項背。他宛如南瞻部洲二勝六莊嚴一切功德的總集。除了他主要的外在上師、持明庫瑪若札（Kumaradza）外，他還約莫有二十位其他大圓滿上師。然而，除此之外，由於隆欽・冉江的心與普賢王如來無二無別，他即是勝者密意傳承。

隆欽巴有許多轉世出生在西藏，其中最為殊勝者，當屬遍知吉美・林巴（Jigme Lingpa）。他待在桑耶青浦的聖地、一處被稱做札瑪・凱玉・蒼（Tragmar Ke-u Tsang）的尸陀林閉關三年，專一修持咒語的持誦。當禪修大圓滿見時，他有了三個親見隆欽・冉江的禪觀。隨後，他接受了隆欽・冉江身、語、意的加持，被指派為大圓滿法的傳承持有者。透過指派、透過禪觀、以及透過僅是聽聞這些話語：「願此傳承的密意加持傳下；願其傳下！」和「願言說的傳承圓滿；願其圓滿！」上師與弟子的心便無二無別。這就是遍知吉美・林巴的心意伏藏——佛法的虛空寶藏、大圓滿法《隆欽心髓》如何在南瞻部洲弘傳的緣由。由於吉美・林巴僅是由遍知隆欽・冉江示予一個指示便得以解脫，他就是持明指示傳承。

關於殊勝士夫口耳傳承，遍知吉美・林巴有四個弟子，稱做康區四吉美（「無畏」之意），以及君、臣、伴化身的不可思議眷眾。吉美・林巴的不共心子是吉美・嘉威・紐古（Jigme Gyalwe Nyugu），他是聖觀世音的化身。對他，遍知吉美・林巴傳授了《隆欽心髓》成熟與解脫法教的一整套內容。吉美・嘉威・紐古又把這個法教傳授給蔣揚・欽哲・旺波和巴楚・卻吉・旺波兩人。就這樣，大圓滿的灌頂、口傳和講授，從某人的嘴巴傳到了另一人的耳裡。因此，這就叫做殊勝士夫口耳傳承。

巴楚仁波切、卻吉・旺波，持有全部這三種傳承。在《椎擊三要》的口訣中，僅有寥寥數語，但卻意義深長。巴楚・卻吉・旺波傳述了對立斷、大圓滿本淨分一切綱要的了知。

這就是透過包含這三種傳承的建立，以確立法教真實性的歷史背景。單是學術和智識的理解，並不能體現大圓滿的見、修、行。這是因為大圓滿的見、修、行，只能透過諸佛的殊勝禪修來了知。諸佛的殊勝禪修屬於諸佛自證智的範疇，不落入博學之人的枯燥言詞裡。因此，據說密續的義理只能由遍知見到，所以那些講解《秘密藏續》（*Guhyagarbha*）、《喜金剛續》、或《勝樂金剛續》的人，自身應該要已證得聖者的果位。透過自身自證智的無所緣智來了知密續的見、修、行，就能將其教導給他人。即使已經圓滿十明的人，也不能單靠文字來了知密續。因為密續的內涵與佛的赤裸本性毫無分別，且由於密續受限於六界限[3]與四相[4]，在檢視密續時，吾人必須運用自身的自證智，否則是毫無利益的。

讓我們舉一個噶舉傳承的例子來說明。大成就者帝洛巴說：「我，帝洛，沒有人類的上師。」帝洛巴去到鄔金國的空行母淨土，確實從金剛瑜伽母處接受了秘密的空行伏藏法，傳下成為一個口耳傳承。

在八十四位印度大成就者中，帝洛巴的證量被認為等同於虛空。像這樣圓滿了見、修、行的人，就能解說密續。其他人是做不到的。我輩這般的凡夫，無法了知密續。持有這三種傳承的上師，圓滿了大圓滿的無分別見，已然在法界的大空中窮盡了輪迴與涅槃，已經將他們的心與構成真正傳承之密意傳承融合在一起。

在這世上沒有比佛更為殊勝的上師。佛的外相是在印度示現了十二行誼的殊勝化身，雖然釋尊是佛的化身，不是實際法身佛，但其心的體性卻是真正的法身。對佛見的真正了知、超越了座上與座下，就是大圓滿。佛的法教是絕對無誤的。

---

3 譯注：六界限為不了義、了義、喻義、無喻義、字義、和非字義。

4 譯注：四相指語相、通相、隱相、與勝義相。

舉例來說，佛陀被認為是遍知的。當吾人終於了知見，便會知道因為沒有任何東西超越佛智，佛就是遍知的。佛所知曉的勝義見法教，就是大圓滿。所以，任何教導大圓滿的人，應被認為是已經證得了佛的無誤之見，離於妄念。這不應當是某個沒有傳承或法源之人。根據智者的檢視：

「諸法皆為佛之口傳法教與相關釋論，
釋論來自於見的如法觀修，
有鑑於此，釋迦牟尼佛之法教將長存於世。」

因為勝者法教與勝者弟子的真實釋論，是透過引經據典、因明、和口訣的嚴密檢視，因此是無誤的。那些現觀法性實相的人，不會倚賴推論，而是直接證得佛見。但是，我們無法直接證得佛見，而得透過推論。佛見能透過密咒金剛乘的所有法教來直接證得，但在金剛乘的法教中，直接證得佛見的心要就是大圓滿。

在大圓滿中，有外的心部、內的界部、和密的口訣部。其中，口訣部就像是純淨的心血。依照大圓滿的見來傳授，便是奉行遍知上師和其心子（隆欽巴、吉美．林巴、和嘉威．紐古）之願。為了要闡明此點，帶著這種祈願，我已經講述了此真實傳承的簡要歷史。

釋名

在傳承的歷史和祈願之後，我們轉向此論實際意義的部分。誠如所云：「在解說經論的實際意義時，除非賦予名相，否則每個人都會混淆。所以善巧上師會以名相來指稱現象。」

據說一切現象，從輪迴現象的蘊、界、處，到佛身和本智的涅槃現象，都應以名相和音聲來指稱。為了這麼做，有兩種名相：權和實。例如，稱某個東西是「柱子」或「瓶子」，是無法解釋的，這就是權，是沒有理由的。另一方面，有些名相指稱了確切的含意。這第二類的例子，如遍知隆欽・冉江、持明吉美・林巴、和吉美・嘉威・紐古的名字等，指出了大圓滿見、修、行的意義。在此，意義被表達出來且文字也傳達了意義——分別指大圓滿的法教和上師——永不離於大圓滿的本質。假如法教與上師是相關的，那麼當上師是具德的，教義也必然是真實的；假如上師不是具德的，法教也不會是真實的。當上師與法教兩者都是真實時，表達出來的內容是以上師的名相為基礎，且所表達出來的、這些名相，也就包含了大圓滿的見、修、行。

假如吾人了知所指稱的意義，就叫做融合音義的了知，首先是透過聽聞法教來增長。何謂融合音義的了知？舉例來說，聽到「隆欽・冉江」這些字詞的聲音時，能夠直接指出大圓滿見的意義。當這些意義被指出時，就叫做融合音義的了知。假如吾人沒有這種指認的能力，心並沒有凝聚而只是從耳朵聽到了字的發音，這些文字的意義並沒有在心中落實。為了要透過融合音義來直指了知，才教導了大圓滿的見、修、行。在此的指稱是以《椎擊三要》的口訣來完成的。

吾人可能會問《椎擊三要》的口訣是哪些文字。聲音和文字是一致的。舉例來說，「母親」這個字可從指出某人非常仁慈來理解。假如吾人說「母親」，這個字所表達的含意便被指出。所謂的「三要」就像這樣。

那這三要又是什麼？「見」、「修」和「行」。那以這三要來「椎擊」的含意是什麼？假如吾人想要殺了某個人，用某個武器擊中他的心臟，這個人就活不過一個小時，馬上就會死去。這三要所擊中的要點又是什麼？猶如存於芥子裡的油，我們所有人、所有眾生，都具有佛性。雖然佛性俱在，但我們卻認不出來，因為我們的心被妄念所遮蔽。做為見、修、行的果，當我們終於認出了這些妄念，就能在一瞬間去除這些妄念。有朝一日，眾生能夠轉化成佛——這就是大圓滿的究竟見、修、行。這種轉化的力量就被稱為「椎擊」。

這麼說吧，譬如，吾人生病了。如果有個善巧的醫生，正確知道我們身上發病的位置——脊椎、肌肉、骨頭、或其他地方——並把病癥移除，吾人立刻就能痊癒。就像這樣，這個見、修、行能夠瞬間就斬斷妄念的命根。因此被稱為椎擊。

這個見、修、行最初從哪來的？為了要在南瞻部洲弘傳大圓滿法，金剛薩埵化現為一位持明、極喜金剛，出生在鄔金國的空行淨土，成為一位公主的兒子。之後，當極喜金剛的肉身消失在一團淨光之中時，他的弟子文殊友絕望地哭喊道：「哀哉，哀哉！現在上師化光而去，誰來遣除世間的黑暗？」當他說出這些渴求的話語時，極喜金剛因悲心而感動，於是傳給了他《椎擊三要》的口訣。當《椎擊三要》的口訣一落在文殊友的手中時，雖然他早已了知大圓滿的見、修、行，但上師與弟子的心合而為一。密意傳承融合為一。要說明這點，讓我們想一下刻有主尊與眷眾之黃金項鍊墜篋的比方：黃金遍佈在所有的本尊眷眾上。

《椎擊三要》的口訣便是由大圓滿持明所傳下的。在人道的經驗中，這些持明轉動著法輪。當他們示現進入涅槃、進入諸佛不共光明智慧界時，超越了人世間的經驗，那時他們傳授不共教訣給具緣的善妙弟子，上師與弟子的心變成無二無別。所以，就這樣，當持明極喜金剛示現進入涅槃並傳下密意傳承的智慧予其弟子時，這位弟子的證悟變成等同於上師的證悟。

這種口傳被認為是最後的教誡，從法身普賢王如來開始，持續到此時，這種大顯能（藏文：tsal）存在於大圓滿的口訣中。這個義理在《椎擊三要》的口訣中有詳盡的說明。

見

這三要的第一個是「見」。假如吾人無法認出見，就不會有修或行。那些具有見的人，就好像那些擁有財富精髓──許多黃金和鑽石──的人。他們要享受這世間的財富，不會有任何問題。但身無分文的乞丐只能想像著致富，無法受用財富。所以除非我們證得了無誤的見，否則無法達到遍知的境界。假如你沒有眼睛，即使有耳朵、舌頭、鼻子和其他感官，也無法行動自如。見就像是眼睛。假如無法無誤地證得見，僅是靠想像，並不能讓吾人在遍知與解脫的道上前進。

佛說：

「持戒易入道，
唯戒並非見。
具戒得善有，
具見得勝解。」

勝解就是遍知智的境界。達到勝解就是了知見。要讓見可得，導師、圓滿世尊，指引了不同次第的見，從聲聞乘開始，直到大圓滿乘。雖然佛陀指引了所有這些次第，每個人都應善加分辨這些見──這些見是否廣、是否深、是否與究竟佛果相應。以這種方式辨別，假如吾人問何者是勝義見，答案就是大圓滿見。這個大圓滿的勝義見就是諸佛修的智慧。誠如薩迦班智達所言：

「大圓滿見非一乘之果，
非吾人智識所立之見。」

大圓滿見是諸佛智慧之果、諸佛智慧的現觀，是聖者透過其自身的自證智所知曉的。因此，被稱為「吾人自證智之界」。

世尊之後，圓滿的釋迦牟尼佛，在菩提樹下禪修並獲得證悟，他說：

「我已發現如甘露之法，
甚深、無分別、無所緣。
我若示顯無人能解，
故我將於林中常處寂靜。」

了悟這境界無法用文字或語言來表達，佛陀示顯了修的方法，而此境界的見，便是大圓滿所建立的。所謂：

「大圓滿見離於文字，

無法以言語指稱

且超越了心與心念的範疇。」

大圓滿見根本無法用文字來表達。這不僅對大圓滿來說是這樣，據說連「般若波羅密多也離於言語、想法、和表達。」這是不可能用文字來指稱的。

出於佛陀的善巧和悲心，他以虛空的譬喻，教導了見的空分；以日、月的譬喻，教導了明分；以日光和月光的譬喻，教導了輪涅遍滿分，因此以不同的比方來闡釋每個面向。

總結這些譬喻，見是正確聞、思的對境。透過聽聞，見被了知；透過思惟，見被覺受；且若吾人禪修，見就會遠離錯誤地開展。假如吾人不這麼做——如果吾人只是盲目地想著：「這是見。」——這樣是不夠的。就像佛陀所說：

「猶如黃金須被鎔鑄、切割、和打磨，

我的法教也應被如法檢視。

佛法不應只出自敬意而接受之。」

越透過引經據典和因明來檢驗佛陀的法教，越能發現它們的甚深和廣大，也非得對佛法產生不共的信任和信心不可。其他乘的見、外道的見、尤其是基督教的見，不管它們被解釋地多周詳，都不會變得更甚深和更廣大。既然其他的見不會就此變得更為甚深，且據說見應該從甚深的程度來加以判斷，所以大圓滿法就是究竟的佛教之見。

你可能會問：「其他下面八乘所教導之見，有任何一乘不同於大圓滿見嗎？」答案是這八乘之見與大圓滿無一不同。舉例來說，讓我們從初乘、聲聞乘見開始，關於苦諦，是以無常為基礎。而無常是空性的面向之一。這個空性的特質在大圓滿中被教導——清楚、仔細、且完整。指責聲聞乘沒有教導絲毫空性根本就是不對的。如果是這樣，那聲聞乘就不能滅除煩惱障，但聲聞乘可以做到。

假如吾人無法了悟空性見，那麼，誠如所謂：

「凡空性有可能之人

凡事皆有可能。」

那些有可能徹底了知空性的人，應該接受有關空性的更多法教；那些只能了解三分之一空性的人，應該只被教導三分之一；那些只能了解一丁點空性的人，應該只被教導一丁點。這樣他們就會逐漸了知勝義見。

人們從東、南、西、北前來，有些人徒步而來、有的騎馬、有的騎象、有的駕車、還有乘坐飛機的。他們都來到同一個地方，但以不同的速度前來。速度的快慢取決於見。假如見的本性被正確地指引，修和行就只會伴隨著見。一旦見被指引，修和行就不會太困難地來到。

特定的聲音能夠指出所有根本和傳承上師之見的意義。舉「桑傑」（sang-gye）這個字詞為例，這是「佛」的藏文翻譯。「桑」指的是「覺醒」──從迷妄無明的沈睡中醒來；「傑」意指「綻放」──如蓮花般綻放遍知萬法的二智。這兩個字分別指稱佛陀本身的斷、證功德。不僅於此，住於十地的菩薩也具有這些不可思議的遍知智功德。總之，絕對沒有佛的功德不包括在斷、證之內。

現在，同樣地，當解說大圓滿見時，說道：

「見為隆欽・冉江。」

關於這點，如前所述，何謂「隆」（「界」）？這是說能達到窮盡四相、被稱為「隆欽・冉江」（「無盡大空界」）的見。這是大圓滿實義的究竟證悟。至於名相、指稱、指引實證普賢王如來之人、大圓滿六百四十萬續的智慧，就是遍知隆欽・冉江。名相與法教合而為一。當人與法融合為一時，這個人就是大圓滿，且這個法就是大圓滿。

為何是這個法教被指引？法教的廣大意義是聖者的心界，且無法被凡夫所述。然而，依止上師的口訣，是可能大略地指稱這個境界。誠如所云：「最好的修行是依止上師的口傳。」而且：「上師的口訣易於修持，且不難被了解。」因此吾人可以毫無困難地臻至佛果。了悟佛見的易行法門就是依止口訣。

《椎擊三要》的口訣一開頭是：「見是隆欽・冉江。」這個見必須被了知。上師指的是指出此見之人，就是遍知隆欽・冉江。如前所述，遍知隆欽・冉江徹底了知大圓滿三部法教的見。為了弟子之故，他撰寫了《七寶藏》論（藏文：*dzö dun*）、《三休息》（藏文：*ngalso korsum*，英譯為 *Kindly Bent to Ease Us*）、和《三自解脫》（藏文：*rangdrol korsum*）。這些是透過文字解說的法教。這位遍知者將他的密意傳給人伏藏師惹那・林巴、鄔金・迭達・林巴、拉尊・南開・吉美、持明吉美・林巴、蔣揚・欽哲・旺波、蔣貢・羅卓・泰耶、以及蔣揚・卻吉・羅卓等人。因為他將其密意加持傳給所有這些偉大人物，他們便成了勝者密意傳承。

舉例來說，當遍知持明吉美・林巴被傳授勝者密意傳承的勝義時，他有了隆欽・冉江的三個禪觀。首先，他領受了隆欽・冉江的身加持；其次，隆欽・冉江的語加持；和第三，隆欽・冉江的意加持。遍知隆欽・冉江以印度班智達的形象——非常莊嚴、祥和，猶如如來——傳予了身、語、意的加持。

在吉美・林巴的第一個禪觀中，隆欽・冉江看起來有些老。在第二個禪觀中，隆欽・冉江給了他一冊涵蓋《七寶藏》隱義的書。當隆欽・冉江告訴他書裡有些什麼時，就將他的心相續傳給了吉美・林巴。這表示「外在上師」的含意。至於內在上師，在第三個禪觀後，吉美．林巴了悟大圓滿自顯的無分別見——「隆欽．冉江」不是僅止於外相的班智達而已。

當內在本覺被了悟為隆欽．冉江時，若本覺夠強大，妄念就會窮盡並解脫於其根基之中。假如你要在一座中、當場教導隆欽．冉江的證量，你也做得到。假如你能做到這樣，就叫做究竟證悟。

大圓滿見必須透過指稱之相來加以解說。遍知吉美．林巴說過，當吾人的心處在正確的狀態時，上師並不在外面。對於某人，他的心處於正確狀態並與佛法合而為一時，上師並不在外頭。但是，給予我們這些人灌頂、口傳、和口訣的上師，我們見到他的尊容、聽到他的語音、解脫我們的這些上師，都是外在的上師，他們是做為與內在上師溝通的管道。這些上師給予灌頂、口傳、和口訣，直指遍知的解脫道，所以我們應當聆聽他們所說。假如我們聽聞、思惟、並禪修法教，就會有真正證得我們自性、如來藏的那一刻。

當我們了悟如來藏時，教導我們佛法的上師就再也不是處於外在，而是在我們內在。內在的何處？上師就是我們心的自性。一旦我們了悟自心的本性，就不再需要找尋外在的上師。假如自心之見保任在超越座上與座下的分別，那麼上師的現前也超越了離、散。

據說當外在上師直指口訣時，大圓滿見、修、行要點的次第指引也會產生。在這些要點中，為了要指出須了悟的見，我們必須談論

「隆欽」(「大空界」) 的含意。「隆」指的是廣大的某個事物，就像廣大的虛空。不可能用公里來丈量虛空。虛空是廣大的，且其本性是空。因為廣且空，虛空就被用來直指見。在虛空裡，是世界與世界的一切內涵——山巒、島嶼等等。無論這個世界的設置與其被感知的內涵是多麼寬廣，都不可能不容納於虛空之中。世界與其內涵——所有山巒、島嶼等等，無論如何繁多和寬廣——都永滿填不滿虛空，這證明了什麼？證明虛空不是一個物質實體，即使佛也無法主張虛空是個實體。

所以世界與其內涵是以什麼為基礎？其基礎就是虛空，且無法有任何有別於虛空的基礎。即使世界和其湖泊、島嶼、城鎮、人們等內涵——任何形貌——遍布在虛空中，若有人問虛空的本性，與世界和其內涵的本性是否相同時，答案是兩者毫不相同。毋須捨棄其明顯的特性，虛空是世界和其內涵的基礎。不管表象如何，世界和其內涵都具有同樣的基礎，那就是空的虛空。以這般思考，我們應該明白「隆欽」一詞代表了廣大的某個事物。那這個「隆」是什麼？根據大圓滿的說法，「隆」顯示了見的空分——本淨。

「冉江」(「無盡」或「世界」) 意指為何？「冉江」指的是一個非常龐大的數量。多大呢？舉例來說，假如吾人試著計數南瞻部洲所有森林裡的樹木，縱使花上一生的時間，也沒辦法數完。同樣地，一切輪迴和涅槃的現象，是以本淨大空的本性為基礎，且一切輪迴之蘊、處、界、業、和煩惱的現象，與一切涅槃佛身、本智的現象，都同時存在，就是所謂的「冉江」。

輪迴和涅槃現象是以什麼為基礎？一切業和煩惱的輪迴現象，是以本淨大空的本性為基礎；一切不可思議之佛身與本智的涅槃現象，也是以本淨大空的本性為基礎。若吾人問業障與煩惱障的輪迴現象，與本淨大空是否一樣，答案是兩者並不相同。兩者並不相同的原因，在於業與煩惱的輪迴現象，會產生迷惑和痛苦。藉由煩惱，我們會製造貪、嗔、癡的業，並經歷六道的痛苦。在本淨大空中，即使是痛苦的名相也不存在。已經證得本淨大空的人，視輪迴現象猶如非實存的投影，猶如空中的彩虹或海市蜃樓的水波般。

以本淨大空為基礎的佛身與本智之涅槃現象是何含意？其本性融合為一。佛身與本智任運俱現於本淨大空的本性之中。雖然佛身與本智任運俱現，但談到本淨大空，為了要解說佛的功德，舉例來說，便說佛有三十二相、八十隨好。什麼是三十二相？是佛兩眉之間的白毫宛轉、頭上的頂髻（梵文：ushnisha）等等，每一種功德都不可思議。雖然這些功德存在於本淨大空中，但佛的頂髻並非突起的某物、白毫宛轉也不是某個又圓又白的東西。這些功德並非以色相或物質的方式存在。佛頭上頂髻與兩眉之間白毫宛轉的因，是本然、任運俱現於本淨大空之中不可思議的福德寶藏。

這就好比黃金或鑽石。假如吾人有顆鑽石，不管它大如高山或小若芝麻，鑽石的珍貴都俱現在其中。同樣地，一切無所緣功德的寶藏是本然且任運俱現的。

當太陽在空中照耀時，陽光遍布於南瞻部洲。太陽不用去想它應該要把光遍灑大地。當太陽在空中照耀時，陽光自動遍布在大地上。同樣地，假如我們了悟本淨大空的體性時，諸佛不可思議的無所緣現象，都會在那個狀態中自然地完備與圓滿。怎麼辦到的？因為這些此刻都在我們心的自性之中，但我們不能了悟這點。不了悟心本然狀態的本淨大空，就叫做無明。這種無明是八萬四千煩惱的根本。

根據大圓滿的說法，有兩種無明：俱生無明和一念無明。何謂俱生無明？在大圓滿的本然狀態中，輪迴三界的迷惑，猶如染污般，被稱為俱生無明。當吾人完全認出此俱生無明是本淨大空的顯發力（藏文：tsal），不可避免地這個俱生無明就會被徹底清淨。

無明就像樟腦，白色、有著強烈的氣味。樟腦是發燒時的良藥。假如把樟腦放在空氣中，就會揮發掉。在空氣中揮發後，就再也找不到樟腦了。迷惑就像這樣。

何謂無惑自性（梵文：dharmata，法性）？無惑自性本然俱現在吾人自身的內在本性中，不是從別的地方帶來的、或摸起來像是善巧工匠鑲鍍的某個東西。不作意、不可思議的功德自然圓滿。

諸佛與眾生的唯一差別，就在於是否證悟了這些功德。就事物的本質而言，諸佛與眾生毫無差別；但就事物的顯現而言，眾生迷惑而諸佛不迷惑。所以迷惑是唯一的差別。

假如有兩塊金子被用來打造飾品，其中一塊有瑕疵而另一塊沒有。有瑕疵的那塊不會被重視並用在飾品上，除非被清乾淨。一旦瑕疵被去除，重新恢復金子的樣貌，就可被用在飾品上。然而，這兩塊金子的成份一直都是相同的黃金。

輪迴與涅槃現象的本質是相同的。本淨是空分，而「冉江」(「無盡」) 是輪迴與涅槃的顯分。輪迴與涅槃現象的基礎為何？根據大圓滿，輪涅現象的基礎就是任運。假如有人問大圓滿的任運與本淨是否不同，並無不同。任運的本性就是本淨。

這些佛身與本智的任運顯相會影響本淨嗎？不會。因為本淨的空性是不可思議的廣大法界智，一切不可思議的無所緣任運功德其本性就是本淨大空——是任運俱在的。

當向弟子直指這點時，顯分必須從空分的角度來加以辨別。從真正本淨大空的觀點來說，任運毋須向別處尋求。這並非不同的東西。任運存在於本淨的本性中。一旦任運的見與功德顯現，也不需要到別處去尋找本淨大空。

中觀傳承與隆欽・冉江

檢視性相因乘一切見的頂峰，是中觀應成派。龍樹與月稱所教導的中觀應成派有些微的不同。差別在哪？聖月稱主要強調在空分，教導法界的見，在其中萬物都被了悟為空的本性。空性的建立是透過車乘的七重分析。雖然月稱正確地了解、廣泛且清楚地闡釋在《中觀根本論頌》（藏文：*uma tsawa sherp*，梵文：*Mula-mdhyamaka-karika*）與其他五本《理聚》（藏文：*riktsok*）中的龍樹之見[5]。但月稱的見著重在空分上，而龍樹則強調顯空雙運。即使龍樹教導了顯空雙運，但這並不否定月稱法教中所談的空性。月稱著重在空性而龍樹著重在顯相，兩者一起，便是顯空的無別。

因此，聖月稱之見，與聖怙主龍樹在其《中觀根本論頌》與其他五本《理聚》中的見，涵蓋了佛陀三轉法輪中二轉法輪——以「無性相」著稱——的所有法教，教導了本性空、道無相、和果無願[6]。這就是《甘珠爾》（藏文：*bka' 'gyur*）、勝者法教集結之大藏經中《般若十萬頌》（藏文：*sherap kyi pharöl tu chinpa tongtrak gyapa*，梵文：*Shatasahasrika-prajnaparamita*）的勝義。

5 譯注：《中論》與這五本《理聚》，通常合稱為《中觀理聚六論》。

6 譯注：本性空、道無相、果無願，為三解脫門。

聖龍樹猶如來到這世間的第二佛。他撰寫了解說佛陀一切見的多部釋論。印度聖地的六莊嚴和二勝，都認同龍樹的釋論與佛的法教毫無差別。這是因為龍樹的釋論涵蓋了所有三轉法輪以及密咒金剛乘的法教。釋論中的《論聚》（藏文：*tamtsok*）闡述初轉法輪——四勝諦的法教；他的《中觀根本論頌》和其他五本《理聚》闡述二轉——無性相的法教；他的《頌聚》（藏文：*tö-tsok*）闡述三轉——究竟實相的法教。之後，為了徹底闡明密咒金剛乘的教義，他撰寫了《密集金剛續》（藏文：*sangwa dupa,* 梵文 *Guhyasamaja*）的釋論《五方佛明觀》（藏文：*rig-nge gongsal*）。佛陀的一切法教都被涵蓋在龍樹的釋論中。

同樣地，在遍知隆欽．冉江的著作中，如《七寶藏》論，也都可發現無謬誤的一切法教。《七寶藏》論解說了八萬四千法門的種種與三百六十種外道的見，直到大圓滿本淨與任運的無二。

雖然三百六十種外道的教義在佛法之外，假如我們不知道他們的見，就不能認出外道見的過失與佛教見的功德。藉由檢視外道見的過失——常見有如此這般的缺失，與斷見有如此這般的缺失——我們終會認為中觀的學理是正確的，也不會落入任何邊見。我們終會了知中觀的究竟實義。當我們了知中觀的實義時，就必然了知大圓滿見。

在西藏寧瑪派密咒法教的偉大上師中，有一位榮宗班智達（Rongzom Pandita），他被阿底峽尊者認證為遍知印度大成就者克里西納阿闍黎（Krishnacharya）的轉世。榮宗班智達主要修持與傳授本淨大空，他的法教大量地討論這個面向。當我們說「榮隆」時，指的是遍知榮宗班智達和隆欽．冉江。這兩位就像是寧瑪派、舊譯派法教天空中的日與月。

隆欽．冉江主要傳授顯空雙運。隆欽．冉江《七寶藏》論的見與聖龍樹的法教都討論了三轉法輪和經、續無別。因為這種無別，我們可發現在對隆欽巴的祈請文中有如此的讚頌：

「尊心具南瞻部洲二勝六莊嚴之慈悲、博學、與證量。」

那位被稱為隆欽．冉江的人，出生在西藏並研習佛經、密續和十明。他從聖妙音天女與聖度母接受了直接口傳，而能振興大圓滿法。他是無垢友的化身。在此，大圓滿的勝義見透過隆欽．冉江的名號被指引出來。透過「隆欽」，我們應該了知「本淨」；藉由「冉江」，了知「任運」。因此當根本頌提到「見是隆欽．冉江」時，大圓滿見就被指引出來，應當了知本淨與任運的雙運。一旦本淨與任運雙運的本然狀態被了知，當這種本淨與任運雙運被修持時，吾人也必然修持了佛的法身與色身無別。

修

勝義見以上師名號被直指出來，就是隆欽．冉江。這個見並非外在的某個事物。假如這個見是外在的，就不能斬斷內在的妄念命根。修持吾人內在自性的精髓、如來藏，就是所謂的修。修是怎樣的呢？空性、遠離任何現象概念的本性——吾人的自證智——被稱為智。一旦我們透過這個智了悟空性的自性，就毋須向別處找尋悲心。大悲心就俱現在空性的本性之中。

我們可能會對正在受苦的眾生生起悲心，但這種悲心只是當我們看見痛苦時才生起。當我們沒看到痛苦，這種悲心就不會生起，所以這不是真正的究竟悲心。究竟悲心是自俱與遍滿的。

一旦我們了悟空性並覺察到眾生並未了悟，無論禪修與否，以一種相續之流的方式，自然恆時對一切眾生發起悲心。大悲心會顯現，當能這麼做時，並非僅是出於悲傷。

認出眾生是迷惑的，我們就會知道以任何有效的方式，如何去除這種迷惑。這樣的悲心與智慧只是名相的差別而已；悲與智在本質上是相同的。

這種智慧與慈愛就像是空性見的命根。假如吾人需要為了眾生的緣故而化現，或解說如來藏的自性——無論任何所需——皆來自這種智慧與慈愛。因為不單是從大空的境界中產生，故根本頌提到：

「**修是欽哲・偉瑟。**」

當空悲不二的本然狀態之見被指引，且修行者開始嫻熟此狀態時，接著吾人就有了初步真正空性的了悟。這與檢視性相的因乘相似。當你了悟見道的實相時，你就會開始了悟如來藏的自性。從那時候起，證悟就會增上。

行

有了這種了悟，勝義菩提心就會在吾人身上增長。當菩提心增長時，吾人就知道眾生的心與諸佛的心是一體的。當禪修者了悟這點，就會遍滿慈悲心並想要引領尚未了悟的一切眾生臻至佛果，之後無論他們所做的任何事——即使只是張眼、閉眼或伸展、彎曲手臂——都會利益眾生。這並不是他們有時能利益眾生、有時不能。利益眾生是自然而然且任運成就的。永遠不會有太早或太晚去利益眾生，根本不會這樣。因為在那個狀態下，所有的菩薩行都是完備的，如根本頌所言：

「**行是嘉威・紐古（意指「佛芽」）。**」

一開始，見、修、行必須被指引；在中間時，見、修、行必須被修持；在最後，修持的果就是你對身、語、意的掌控。雖然見、修、行的名相不同，本質是一體的。在任何人的身上都不能把見、修、行分開。

假如你了悟空性，毫無疑問地你就能在這一生中證得佛果。有什麼法教具有這種全然無疑的見？就是大圓滿法。

只靠了悟一丁點的大圓滿見就讓整個存有化為煙塵是怎麼回事？當你了悟空性時，就不會在意世間八風[7]。也沒有太多希望與恐懼。假如你只是了悟了一丁點空性見，你的心就不會被世間的散亂所影響，世間的散亂就像海面上的波浪。你必須慢慢地嫻熟絲毫不為所動的這種本性。

舉例來說，據說證得初地的菩薩，假如他們想要，可以在七天內證得佛果；或者他們可以選擇在輪迴空盡時證得佛果。當你開始了悟空性的勝義見時，你可以像那樣做選擇。然後，當完全證得空性見時，雖然你的確見到輪迴迷妄顯相的苦諦，但這些只是無實的投影。打個比方，試想一下彩虹：無論彩虹在天空顯現與否，你都不會有喜歡或不悅的念頭產生。輪迴或涅槃現起的任何顯相——好或壞——你都自在以對。

7 譯注：世間八風指利、衰、毀、譽、稱、譏、苦、樂。

從大圓滿的觀點而言，安適地保任在那種狀態就叫做無憂或自在。你會樂在其中。在那種狀態下，你會了知世俗的真正迷妄顯相與無妄的勝義實相顯相都是引人發笑的。

學者的方式與隱士的方式

前述的三個階段就是《椎擊三要》口訣的「三要」。至於了悟見的法門，在顯宗因乘的傳統中，如上述的解說，是學者領受佛陀法教的見並以邏輯的方式來分析見。他們透過引經據典和因明來了解見。一旦了解了，也就了知勝義本性的見，所以佛陀傳下了這個教訣：

「既已領受佛法，聽聞且思惟後，汝應修持之。」

在一開始，你應該聆聽尚未聽聞的內容；在中間，你應該思惟你所聽聞內容的意義，以便了解其含意；在最後，你應該透過禪修來修持你所思惟的意義。

但是，與顯宗不同，你無法透過複雜地引經據典和因明來獲得對大圓滿見的肯定。有兩種獲致對大圓滿見肯定的方法：學者的分析式禪修方法，與隱士任其自然的方法。

在學者的方法中，吾人透過引經據典、因明、與口訣來獲得對大圓滿法義的肯定，有些廣泛地解說，有些則在隆欽巴《七寶藏》論中甚深地解說。這就是學者分析式禪修的方法。

而隱士任其自然的方法，則有大圓滿的口訣，如《毘瑪心髓》（藏文：*bima nyingthik*）與《空行心髓》（藏文：*khandro nyingthik*）中的口訣。所以這些禪修的教訣可被修持，使鮮活體驗的文字得以被傳授。誠如所云：「即使有人不懂五明，假如這些教訣被盲信地應用，這個人還是會獲得成就。」正因為大圓滿是最甚深與廣大的法教，吾人應該對大圓滿能立即去除所有煩惱的迷惑顯相具有信心。假如把具德上師視為佛、法身，吾人就會證得大圓滿見。這就做叫隱士任其自然的方法。

在這個五濁惡世中，人們短命且多病。他們不太努力，非常散亂且執著於此生的事物。因此，這個究竟口訣的心要《椎擊三要》，就像是能使諸神復甦的甘露，被教導下來。透過禪修來體會法義，所以毋須去分析所有不同的邊見。

見

當修持禪修時，我們必須熟悉見的意義。這個見在哪裡？目前我們迷妄的心可能不具有見。無誤的勝義見，不是遙不可及且得特別往外尋找的事物，猶如吾人已經窮盡南瞻部洲的所有陸地後要登船橫渡大海般。那是顯宗因乘的方法。當認出我們當下的迷妄狀態，見自然而然就在本淨大空的狀態裡。

舉例來說，在恆河的砂堆裡，砂子與金子混合在一起。知道黃金價值的某人，會把砂子去除來得到珍貴的黃金。但是當凡夫看著恆河，他們只會把砂子與金子看成是相同的東西。我們要如何把金子從砂裡分出來？我們應該要任心處於自然、不造作的流動。假如我們看著那個不造作狀態的本性，就會發現它被許多念頭的波動所干擾著。我們被這些迷惑的波濤所帶走：我們尾隨著先前的習氣、激發未來的念頭、並且失去當下的覺性。這些迷惑的波濤是什麼？它們是見的顯發力。它們並未與見分離。

吾人要怎樣止住這些迷惑的波濤？這可比喻為知道如何使引擎運作關鍵的某人在調整引擎。假如引擎需要動力或我們要引擎快速發動，一個知道要如何調整引擎的善巧者，可以給它一千人的動力。同樣地，談到迷惑的波濤，假如我們知道見的要點，就毋須傾注在許多智識研讀與典籍的極端上。毋須為了了悟見而累積福德與清淨蓋障。在那個狀態裡自會了悟見。

我們必須了悟這些迷惑波濤遮蔽了見。即使處在最強大迷惑波濤的狀況下，迷惑也只會控制我們，例如生起強大的嗔心讓我們想要捨棄自己的生命以達成目的、或生起極大的貪愛讓我們可以絲毫不保留地給出所有財富以得到所要追求的對象，因為我們不去檢視它。假如我們知道如何檢視這些迷惑的波濤，我們就會知道它們無非是天空的彩虹或平原上的海市蜃樓而已。透過相當一段時間的分析式禪修，我們終會了知這個迷惑，無非是彩虹或海市蜃樓，一開始沒有生、中間沒有住、最後也沒有滅。它是離於概念的八迷[8]的。

另一方面，為了要以口訣的覺受為基礎來了悟見，所需不多。為何如此？當被迷惑的波濤所吞沒時，假如吾人大喊一聲「呸」且專注在不造作的心性上，那些念頭自會消散。假如一堆大如須彌山的砂被旋風所吹襲，不消多久砂堆就會四散。大喊「呸」就像這樣。

這個「呸」的聲音是什麼？這是般若與方便無別的自響智。它就像一把利刃能砍斷所有的樹木。它砍的是什麼？是過去的迷惑隨之而來的下一個迷惑，且加在先前迷惑的後續迷惑形成了一條不間斷的鎖鍊。也猶如掛在念珠上的珠子；假如線被砍斷，那麼所有的珠子都會散落。同樣地，假如吾人向著妄念大喊「呸」，所有那些妄念都會被截斷並散落。之後，看著那赤裸的狀態，吾人就會了悟雖然吾人的心沒有形狀、顏色、或任何實質，但所有六識從本性中持續地自然顯

8　譯注：八迷指的是生滅常斷、一異來去。《中論》偈頌所言八不：不生不滅、不常不斷、不一不異、不來不去，即是破此八迷。

現。安住在那個赤裸狀態中就是「見是隆欽・冉江」的意思。

我們為何應喊出這個強大、短促、且銳利的「呸」聲來截斷迷惑的波濤？因為我們被世俗諦的謊言所欺瞞，而這些謊言能被「呸」所砍斷，因為「呸」是自響的智慧。當我們認出其本性，就會想著：「喔！這就是不造作法性的樣貌！」現象——念頭——從這個本性現起，彷彿小孩的遊戲。不造作法性之見，就像老人的想法：我們會想著：「所謂『迷惑』也不過如此。」這就解決了。這個解決之道就叫做見。這是椎擊三要的第一個要點。

要透過禪修的體驗來指引見的本然狀態，吾人必須不去追隨過去的念頭，也不激發未來的念頭，而是直接安住在當下的心性中，不去改變它。毋須擔憂吾人的念頭是信心、虔誠心、與悲心，或是貪、嗔、癡的念頭，吾人應該要讓心全放於本然之流中（藏文：rangbap su shak）[9]。

泥水，若繼續攪動下去，並不會變清。但是，若把水就這樣放著，污泥會沉澱而水就變清了。同樣的情況，據說：「不造作之心徹底覺醒；造作之心沒有徹底覺醒。」吾人應該直接安住在心性中而絲毫不造作。就像噶舉派所說的：「此禪修者純粹（直接）安住而不去改變（不造作）。」當心直接安住且不造作，即使心本然狀態的體性還沒在

9 譯注：照藏文字義為「全放於本然」。

你能說：「這就是了！」的意義上被指認出來——雖然心性離於這種參照——但只要你不像凡夫那般變得散亂，你就能夠認出本然之流的本性。假如吾人不造作地安住在那種認出的狀態中，那種狀態就會自然地變得更強大，妄念之力就會不可避免地消失。屆時，帶著對根本上師和傳承上師的信心和虔誠心，就會認出心的本然狀態。這就叫做認出自性。

這個認出自性是什麼？我們本具的見已被指引給我們。這並不是透過上師的加持，所以讓見從別處被帶來給我們；也不是我們領受了之前所沒有過的某個東西。認出這個存在於我們自身的寶物，就像是從我們家中地板下找到屬於我們的隱藏寶藏。這會讓我們對自己的貧窮已被克服具有信心。安住在認出自性的狀態中，總攝了大圓滿見。所以我們應該不造作地安住在那個狀態中。

第二章

修

顯宗與證悟的因有關。以證得佛果的因做為修道，並期望在之後的某個時間內得果，就被稱為顯宗。在密咒金剛乘裡，以果為道，果——諸佛的一切佛身與本智現象——從無始以來便在如來藏的自性中圓俱。密咒金剛乘以事物的本質為道。當我們指引密咒金剛乘的所有法教時，沒有一個不包括在以下這兩者當中的：不變大樂的方便，以及俱足一切殊勝面向的般若。

在這兩者中，聚焦在大樂智慧之方便的法乘，強調以世俗諦的顯相為道而引介密咒金剛乘的灌頂、三昧耶、成就、事業、與儀軌修持等，是瑪哈瑜伽[10]的基礎。

以俱足一切殊勝面向的空性為道的是阿努瑜伽[11]。具備一切殊勝面向的空性，本初即超越了語言、概念、和表達等。假如不透過大樂的方便來證得空性，在阿努瑜伽的脈絡中也不能證得空性。因此，經由在頂大樂輪中「吭」字的融化為身、大樂為語、無念為意，身、語、意被帶入為道成為金剛本性。這就是阿努瑜伽的口傳，這就像是密咒金剛乘的命樹。

同時修持瑪哈瑜伽和阿努瑜伽——字義上是以神聖諸佛的修為道，超越了作意的範疇——就是大圓滿的果。大圓滿（atiyoga）一詞

10 譯注：另譯大瑜伽。

11 譯注：另譯無比瑜伽。

的藏文翻譯意指「究竟瑜伽」之意。在所有的瑜伽中，最殊勝、最崇高的就是大圓滿。在大圓滿中，心性的空如是是法身、其本俱明性是報身、而其無竭悲心是化身。立斷的修持強調本淨的空性，而頓超的修持強調的是任運。假如我們使兩者合一，四身與五智就會顯現。

然而，一開始，本淨、離於無始之見的指引是非常重要的。這是為何我們一直強調本淨的原因。有很多了悟本淨的方法，例如中斷自然現起（的輪迴）之城的見、輪迴與涅槃自解脫的修、寂與有之本初解脫的行、和三身自解脫的果等。

當極喜金剛主要傳授本淨的見時，他化成光身並給予阿闍黎文殊友一個總攝了一切和大圓滿本淨相關口訣要點的教誡：認出本性是見、決定於一事是修、以及對解脫具信心是行。這些構成了《椎擊三要》，一個容易達到三身殊勝境界的奇妙方法。

在《椎擊三要》口訣中，見、首先是以說道「見是隆欽・冉江。」做為對境來指引。認知的主體在第二點解說修時出現：「修是欽哲・偉瑟。」這被當成主體。

什麼是「欽」？欽是智慧的無竭智相。這是吾人自身的覺性，本淨空性如是的自性。了悟這點被稱為擁有空、悲的體性。因為空性的本性與悲心無別，當空性的本性——無竭智相——被了悟時，一種大慈悲心自然顯現、毋須尋覓。在此的要點，是空性與悲心在我們的本性中是不可分的。即使在顯宗因乘、大乘裡，對大悲心方便與空性般若的了解也是不可分的，這被教導為勝義見。在九乘中，沒有一個次第裡的方便和般若是分開的。了悟見的無分別性，就是所謂的吾人自證智界。且此吾人自證智相被稱做無竭智相。在大圓滿的特殊用語中，也叫做自俱慧燈。那是智慧的無竭智相。

這個智慧的無竭智相有兩種：如理智（藏文：chi tawa khyenpa）與如量智（藏文：chi nyepa khyenpa）[12]。在如理智中，空性被了悟為如是。在如量智中，因、緣、果──從形色到遍知，輪迴、涅槃與修道上的一切現象，無論同時與否、無論迷妄與否──從空性的自顯力中現起，被好好地區分開來。當我們說：「頂禮遍知者、圓滿佛世尊！」所指的是這二智。這是因為佛的功德無非是此二智。

當我們有了二智，就毋須向別處找尋大慈悲心，大慈悲心本就已存在。當本智的顯發力開展時，就像太陽照耀在這個世界上。我們不用到別處去找陽光；陽光自然照亮了南瞻部洲。雖然悲、智看起來不同，但其本性，就像火和熱，從無始以來就自動存在著。

這是如何被指出的？當遍知持明吉美．林巴在巴瑞．措嘉林（Palri Tsogyal Ling）開始修行時，巴瑞．措嘉林的轉世上師替他取名為貝瑪．旺千．欽哲．偉瑟（Pema Wangchen Khyentse Öser）。在吉

12 譯注：如理智另稱根本智、無分別智、實智等；如量智另稱後得智、分別智、權智等。

美・林巴於桑耶青浦尸陀林閉關三年的期間，他有了三次遍知法王隆欽・冉江的禪觀，傳授給他直接的口傳。透過其色相的禪觀，隆欽・冉江賜予了他的身加持；藉由給吉美・林巴一本秘密涵攝了《七寶藏》的書函並要求吉美・林巴闡述此書，隆欽・冉江賜予他語的加持，並賦予他撰寫釋論的授權；透過兩人之心無別地融合為一，隆欽・冉江賜予了他的意加持。這就是持明吉美・林巴如何以持明指示傳承而圓證的過程。

以指示傳承被賦予此圓證為基礎，吉美・林巴撰寫了名為《功德藏》（藏文：*yönten dzö*）的根本頌和釋論。這本論解說了在《七寶藏》和《三休息》中尚未被徹底解說的舊譯派見、修、行，它採取了基與道之一切現象為一的論述方式。

在雪域西藏有三本名聞遐邇的論著，是大圓滿法教的三車乘：《空行心髓》是蓮花生大士在秀朵・提卓（Shotö Tidro）的空行薈供廳，傳授予空行母伊喜・措嘉的；《毘瑪心髓》涵攝了一百九十個大圓滿口訣，是由班智達無垢友主要傳予涅頓・當瑪・倫嘉（Neten Dangma Lhüngyal）、娘本・丁津・桑波（Nyangben Tingdzin Sangpo）、和法王赤松・德贊（Trison Detsen）；以及《甚深精髓》（藏文：*zabmo yangtik*），萃取了兩本「內心髓」[13]、十七密續、以及四本甚深典籍的精

---

13 兩本「內心髓」是《空行精髓》（藏文：*khandro yangtik*），為隆欽巴對《空行心髓》的廣釋；以及《上師精髓》（藏文：*lama yangtik*），是隆欽巴對《毘瑪心髓》的廣釋。

要，透過班智達無垢友、阿闍黎蓮花生和其佛母[14]的不共口傳，由遍知隆欽・冉江撰寫而成。這些是三種心髓。

當大譯師毗盧遮那在十五歲到印度時，他從持明師利星哈與阿闍黎文殊友的智慧身領受了直接口傳。他完整領受了十七密續的所有灌頂、口傳、和口訣。他的心甚至等同於大阿闍黎蓮師的心。正是因為偉大、令人讚嘆的毗盧遮那譯師的悲心，所以外的心部、內的界部、與密的口訣部才傳入了雪域西藏。所有這些法教以統合的型態被總攝在名為《智慧上師》（藏文：*yeshe lama*[15]）的釋論中。這是為何有一部份是持明指示傳承的原因。

偉大持明所指出的體性為何？早先我們曾解說：「見是隆欽・冉江。」──認出吾人自身的本性。我們也提到在禪修時，吾人應該要決定於一事。現在，假如吾人對於決定於一事不具備信任與不共的信心，就沒辦法做到決定於一事。在大圓滿禪修中，決定於一事被稱為欽哲・偉瑟。從外在的上師我們領受了灌頂、口傳、和口訣。以已受過對我們智慧心的指引為基礎，勝義見會從內在出現。了悟本淨的最高之見、大圓滿的自顯無分別見，我們會了悟輪迴與涅槃猶如我們手的正、反面。一切迷妄的輪迴現象之所以存在，只因為我們不曾檢視

14 譯注：指依喜・措嘉佛母。

15 譯注：舊譯《大圓勝慧》。

和分析它們。當我們確實檢視它們，輪迴現象栩栩如生的現存就會崩解。我們不需要到別處去找尋佛身與本智的涅槃現象，它們在我們自身的本性中已圓俱。誠如所云：「自俱光明孺童寶瓶身與第一佛欽哲．偉瑟無二無別，亦即，安住在體性中。」這就是決定於一點的禪修。安住在那種狀態的禪修，被稱為如流水般的安住瑜伽。

當徹底了悟大圓滿見時，座上與座下就再也沒有任何的分別。一切現象的現起猶如智慧的遊戲。像我們這樣對殊勝乘有興趣的初學者，是無法了解這種如流水般的安住瑜伽的。當這種狀態被了悟時，就像密勒日巴所說的：

「當禪修大手印，無波動地保任之。」

假如有時我們精進地修持，其他時候只是隨意為之，就不能在禪修中培養出對見的信心。我們必須培養出的這種信心是什麼？即我們必須要了知日以繼夜、在我們這一生中的各個層面，座上的禪修經驗與座下的經驗是毫無分別的。

起初我們要透過有所緣的正念來辨認出不造作覺性的鮮活、赤裸狀態。然而，假如我們全放覺性在如是的狀態中，到了某個時刻本俱正念、覺性的本然狀態，就會現起，而毋須透過有所緣的正念來加以操控。藉由此本俱正念，如流水之安住瑜伽就會持續地保任著，日以繼夜，在熟睡時、在夢中——一直都是。為了要認出這點，吾人必須不造作地讓心全放於本然的狀態中。這個心的不加改變階段是離於無始的，這就是本淨之見。當吾人保任這個不加改變的本性時，有許多的動念會生起。這些念頭可能是正面的，比如信心、虔誠心、出離心等；或是負面的，比如貪、嗔、癡等。然而，這兩種類型的念頭都是從同一個根基、如來藏的自性中投射出來的。並不是有一個壞的地方產生了惡念或一個好的地方產生了善念。

我們迷惑的根本是從哪裡來的？世尊曾說在禪修時有兩種對應動念的方式：一種是狗的方式，另一種是獅子的方式。假如狗被石頭砸中，牠並不會檢查是誰丟的石頭，而是去追逐那顆石頭。就這樣，狗會被許多石頭砸到且永遠不知石頭是打哪來的。當一隻獅子被石頭砸中時，牠不會注意那顆石頭，而是注視並找出是誰丟的石頭，因為這樣，獅子只會被砸中一次。

所以當動念顯現時，我們就跟隨而去，許多念頭就像水面上的波瀾般顯現，我們就被這些念頭帶走。這種迷惑就叫做往外伺尋的迷惑。以這種方式繼續下去，我們就無法追溯念頭的出處。因此，我們應該要往內看，就像女演員照鏡子般。雖然有念頭的化現，假如我們追溯念頭的根源，就會發現念頭是從智慧顯現而來的。當我們認出智慧時，就不會被念頭帶走。這就猶如一棵樹被從根拔起：枝幹、樹葉和花朵自動會枯萎。

這個智慧在哪兒？雖然可能會有許多貪或嗔的念頭，但這些念頭的本性是空。當我們經驗到強烈的愉悅並覺得快樂地不得了且興奮地睡不著覺時，假如我們注視著這快樂的本性，就會知道那是空的。那個空性的智慧就是本淨的本性。那就是我們應該注視的所在。當我們變得十分憤怒並想著即便付出生命為代價也要把敵人殺死，當我們因為難忍的氣憤而面紅耳赤且想著要拿把武器時，與其沈溺在那個憤怒當中，假如我們注視著怒火的本性，就會知道那也是空的。一旦我們了悟這個空的本性，不可避免地憤怒就會自然消融，就像冰融於水般。

動念和覺性是一樣的嗎？並不一樣，因為動念會移動而覺性不會。那它們完全不同嗎？也不是，因為從覺性投射而出的任何念頭，是從覺性的狀態現起。這可比喻為試問水和冰是否相同。水和冰一樣嗎？冰是硬的，人們和馬匹可以在冰上走。水是液態和濕潤的。假如我們要在水上行走，雙腳就會弄濕。水並不堅固。那冰和水不同嗎？吾人不能說冰和水完全不同，因為當冰融化時就會變成水。同樣地，要說動念和覺性相同難以接受；動念會移動，自證覺性不會。但吾人也不能說兩者不同，因為覺性的動念、或顯發力，是從覺性本身顯現出來的。

依止在動念與覺性無異且不讓動念放逸的要點上，假如之後心領會了覺性的本然面目，那麼體性就會顯現。

根據顯宗因乘，當煩惱現起，吾人應該要採取對治。當貪現起，吾人應該禪修醜；當癡現起，吾人應該要禪修緣起；當嗔現起，吾人應該要禪修安忍。何者當捨與其對治就像是戰場上對戰的兩軍，這就是所謂的把煩惱當成敵患。把煩惱視為惡且應用對治，吾人持續地掙扎著要戰勝煩惱。

在菩薩乘中，煩惱被帶入為道並轉化成空性。假如煩惱出現，我們必定會對五塵產生貪或嗔，視其為善或惡。假如我們看著，去了解貪與嗔是在外境中、在內根中、或是在介於兩者之間的識中，就必定會了知煩惱的本性是沒有生、住、滅的。當這點變得清楚時，空性的智慧就被確定了。透過安住在那個狀態中，煩惱就會被解脫。

在密咒金剛乘中，煩惱在道上被轉變。怎麼辦到的？在瑪哈瑜伽的基礎上，猶如一個善巧的醫生把毒轉成藥，這叫做萃取精華的殊勝法。在瑪哈瑜伽中，藉由雙運的解脫將煩惱帶入為道用。在經部的阿努瑜伽中[16]，煩惱被轉化為樂、明、與無念智。一切煩惱都化為空性，煩惱的相與本性都被轉變為法性的狀態。在大圓滿中，當煩惱現起時，毋須排拒也不用採取對治。

當你保任在不作意、本俱正念時，鬆坦會自動到來。打個比方，大海的表面可能波濤洶湧，但在七噚底下是完全平靜的，就像牛奶變成奶酪般。同樣地，無論動念的浪濤如何洶湧，一旦吾人確定了念頭

16 譯注：阿努瑜伽分為經部與教部。

的本性是空，不可避免地念頭的力量就會自然平息。假如吾人安住在那個平靜的階段裡，對於每個煩惱就不再需要有任何的對治。嫻熟於這種狀態，就不再需要任何的依止，這就是「修是欽哲．偉瑟。」

在大圓滿的典籍中，吾人可以發現這般的措辭，如「修持虛空瑜伽」和「無修之大修」。這些措辭是什麼意思？根據其他乘的說法，禪修的對境與正在禪修的心是兩回事。而根據大圓滿的說法，所要修的與禪修者是一味。這就是「當心住於本來的狀態，即是所謂見到自心」的意義。當吾人見到這點，見到自身所俱時，要如何修持虛空瑜伽？當虛空被用來做為禪修的對境時，既然虛空的特性從無始以來就是空的，就沒有如觀想**啊**字或**吭**字的任何參考點，沒有任何東西可以執取。

在認出自性時也是這樣的。當本初不變的基明光[17]俱現為基時，假如吾人對道明光[18]只有一點點了解，若是道明光的覺受變得越來越強烈與穩定時，基明光就可被認出。

目前，基明光在我們的心中並未完全顯現。基明光是不可思議的智慧，若是這個佛的完全證悟在我們的心中顯現，那麼迷惑就會被清淨如無基般，猶如普賢王如來具有六種不共功德的解脫。

---

17 譯注：基明光又稱母明光。

18 譯注：道明光另稱子明光、喻明光。

但是，在顯宗因乘裡，在加行道上，煖的顯相是了悟空性的徵兆，這就像是摩擦兩根棍子會產生火花。從棍子摩擦所生的熱，會引燃火。同樣地，空性先得透過禪定中煖的生起而被認出。相對地，如同前述，在安住於不可思議自性的禪修中，即使貪或嗔的念頭現起，吾人不應追隨這些念頭或試著要止住這些念頭。吾人應該任由念頭在本然之流中、不做任何的改變。即使念頭現起，它們就像是海面上浪濤的波動，從海裡湧現又消融入海中。既然念頭的顯發力從法性的狀態中現起，假如任由其不加改變地處於本然之流中，當其消融時，就會融入於法性的狀態中。如同所云：「在偶然出現念頭之間的空隙，無念智會現起，念頭自會解脫。」

當前一念已過去而下一念尚未出現，在這中間就是當下赤裸覺性的體性、最初剎那的覺性，被稱為赤裸的法性。當以心念去分析念頭的本性時，我們會發現之前並沒有念頭的出處和念頭的原發；我們會發現在當下沒有住處和指定的任何東西；在未來也沒有去處和可投入的任何東西。

假如我們檢驗這是否為真時，以中觀的方式，分析念頭的本性出於心的自性時，我們可以注視著今天早上的過去之念、傍晚的未來之念、和現在之念。我們會發現過去之念與現在之念不可能在一起。為了要讓這兩者相會，過去之念必須處於現在，或是現在之念必須成為過去。既然過去已經結束且不是一個具體的東西，而現在之念可被認出，那麼這兩者就絕對沒辦法相會。

至於現在與未來之念的相會，讓未來之念已經生起是不可能的，就像兔角、空花、或石女之子。而且，當現在之念已在心中生起，現在和未來的特性會彼此抵觸。這兩者不可能相會。或許有可能看起來兩者是相會了，但這就像是藉由看著天空之月和用手指按壓一隻眼睛來讓我們看到兩個月亮。雖然只有一個月亮在那兒，但當我們按壓一隻眼睛時，看起來就像是有兩個月亮似的。假如我們沒有檢視和分析現象，就會認為它們存在，猶如我們以為有兩個月亮存在一樣。透過對這個天真信念的執取，過去之念的力量似乎就和現在之念相連著，且現在之念的力量似乎就和未來之念相連著。但是，假如我們確實地分析過去、現在、和未來之念，我們會看到在一彈指的頃刻之間，就有六十個剎那的念頭現起和停止。據說一顆蘑菇的六十個切片可在彈指之際被一根針所刺穿。我們心中念頭的生起就像那樣快。

我們要如何了悟這個伎倆？假如心被全放在其本然之流中，而不加以任何改變，現在之念就不會停留許久。當現在之念出現時，假如我們認為它不應該發生並試著阻止它，就會阻礙覺性的顯發力。當覺性的顯發力被阻礙時，能量的本然之流就被障礙住，這就造成了如沮喪等等的障礙。所以當現在之念一開始現起時，我們察覺到了，應該安住在那個察覺的本然之流中，而不加以改變。它就像是水面的波瀾，一現起，就消失地無影無蹤，這就是念頭的特性。絕對沒有固定、真實、或不會消失的念頭。假如我們看著現在之念崩解，在那時未來之念尚未生起且現在之念已然消融並成為過去，我們就會見到心的本性。

心的本性是什麼樣子？無論我們再怎麼尋找，心的本性無顏色、無形狀、無實質。它不是半圓形或圓形或球形；它不是男性或女性；它沒有形相，如馬、象、或山的形相。它是明空的。假如吾人以心念去檢視這個明空而不執取：「這是空的」的想法，就會像某個已達到安住於自性定力的人，超越聚、散。這並不是說吾人無法用眼睛看到形體或用耳朵聽到聲音，吾人可以，但眼睛看到的形體與耳朵聽到的聲音，並不會干擾吾人內在的禪定。這和初學者以不散亂之心注視著空性的狀態相同。吾人的眼睛會看到形體、耳朵會聽見聲音，且會感覺到所有各種的感受。雖然會有對於美好事物的貪愛、對醜陋事物的嫌惡，對悅耳聲音的愉悅、對不悅聲音的不快，當快樂想法出現時的興奮與當不悅想法出現時的擔憂等，當這些反應出現時，並不會緊抓不放。當沒有緊抓不放時，現起的一切事物便具有知曉萬物與察覺萬物的明分。

假如我們修持有相的止，會閉上眼睛、閉住呼吸、並控制內心。但是，在禪修自性時，六識並不一定要被阻擋。只要讓這些識處於自然而不去追隨就行了。雖然吾人可能會試著分辨不停歇、清晰的六識與其空性的差別，但卻辨不到。因為識的本性是空性，會具有一種法性的清晰覺性。這些識之所以清晰，是因為它們具有知曉一切並察覺一切的智分。法性具備了這個智分，被稱為「母明光俱現為基」。在此吾人會見到母明光體性的一瞥，即是本淨，而其自性，就是任運。

世尊曾說即使接近十地末的菩薩只能見到的佛性，也僅如針孔般所見。假如接近十地末的菩薩只能見到這麼點佛性，那我們這些初學者到底能見到什麼？

密咒金剛乘的法門是非常甚深的，且上師的加持力非常強大。假如我們對自己的上師具有不共的信心和虔誠心，當上師的加持進入我們的內心時，非得產生自性在我們身上現起的一些類似覺受不可。打個比方，假如某人見過月亮的圖片並知道月亮看起來的樣子，當他見到天上的月亮時，就毋須再告訴他那是什麼。這個人認得出月亮。我們目前能經驗到的一丁點自性，就像是月亮的圖片。即使只是一瞥，假如我們被問到是否已經見到了自性，我們可以說見到了。這就像是曾只嚐過一口海水的人：這個人還是可以說他已經喝過海水。

這樣的一瞥不是由智識的學習而來，而是透過經驗。當這個一瞥不假任何改變地任其存在時，它就會延長並且越發穩固，念頭的力量不可避免地就會削減。這就像冷與熱。當身體被火烤暖時，冷的感覺自動停止了。當身體覺得冷時，熱的感覺就自動停止。

不然，假如見到了自性卻不能自動削減念頭的力量，那我們就會需要每個念頭的對治法。我們必須像這樣地想：「有一個念頭，我不應該讓自己被念頭帶走。念頭沒有生、滅，念頭是空的。」如此想著要令念頭變空；就會落入強加空性概念的歧途。沒必要這麼做：念頭從無始以來就是空的。一旦我們了悟這個本初空性的根源，當我們有了對此指認的那麼一丁點覺受時，就是母明光與子明光的相融。本初不變母明光的本性，安住成為基，是任運在吾人自身的。母明光就像是大海，雖然任運，但被念頭的顯發力所遮蔽。

現在當我們禪修時，會認為禪修類似在遙遠未來的某個時間點看著虛空深處的遠方，我們會以為像我們這樣的凡夫正被念頭折騰而沒有任何的禪修，就像其他法乘傳統所說的那樣。但並不是那樣。假如我們保任在自性的本然之流中，而沒有被顯發力——念頭的投射和消融——所控制，我們非得瞥見俱現為基的母明光不可。一旦我們經驗到並認出那個本性，我們非得培養出對覺性、如來藏的信心不可。一旦信心在我們身上開展，這個瞥見就會變得越來越清楚和穩定。

當小孩遇見他的母親——對動物來說也是如此——即使在數千人群中，小孩也能夠認出他的母親，因為母親和小孩會在一起是前世業緣的果報。同樣地，假如我們經驗到子明光的一瞥，不可避免地俱現為基的母明光就會顯現，且兩者會平等地融合成一味。打個比方，這可比喻為南瞻部洲所有流經不同地區的河流：到最後所有河流都會匯聚到大海中。當指認的經驗與俱現為基的母明光融合時，就叫做母明光、子明光的相會。而這個母、子相會就被稱為「心的體性」，也叫做心之消融的指引。這個心之消融的指引、當過去念已然消失且未來念尚未出現之前的這種值遇本性，就是無念智。

一旦我們有了無念智的一瞥，信心就會生起。如同往昔聖者所言：「當信心由內而生時，生起之人與對境俱消。」這是非常甚深的，是什麼意思呢？當我們確定這是法性、佛性，當我們對於自己所認出的一瞥有信心，並持守此一瞥而不讓它消失時，覺受便會一再地生起。當覺受得以延長且越發穩固時，先前的信心會消失而無任何立足點。這就像是藉由摩擦兩片木頭而生起火來：一旦火開始點燃，這兩片木頭便會被焚燒殆盡。就像這樣，先前的信心自然地消失。當先前的信心消失後，更大的信心會在你身上開展，這就是你的信心變得更深厚的徵兆。

禪修就像是前往許多遙遠國度的旅行。假如我們尚未見識過許多平坦大道、崎嶇道路、大海、群山、峻岩等，就表示我們旅行地還不夠遠。假如我們安住在心的本性而不加改變，有時會出現好的覺受：我們會認為自己已經認出了心性，並且想要長久地保任在那個狀態中；我們會想著即使失去了食物和衣服，我們也能禪修。但有時我們會有壞的覺受：許多煩惱干擾著我們，猶如海上的波浪；我們會想著雖然自己禪修了這麼多年，修行依然像芝麻粒般沒啥進展，而且沒能正確地修行。

當輕安、樂、明出現時，我們應該不要認為它們有多特別；當我們昏沈或掉舉時，也不要覺得自責或厭煩。我們應該保任在不高亢與不低落的狀態。假如我們安住在法性中，沒有感到高亢或低落，就會慢慢地嫻熟這個狀態。其結果，就是動念再也不能撼動心的覺受。

這就像是一個老人看著小孩在玩耍：不管小孩玩的是好遊戲或爛遊戲，這個老人只是把它當做遊戲而沒有任何的參考點，他不覺得那是個好遊戲或爛遊戲。同樣地，不管快樂的念頭或不愉快的念頭在心中生起，我們都應該認出念頭是在法性本然之流的本性中，並讓念頭全放於本然之流中。透過對本然之流的信心，我們不會動搖。無論有多少受外在影響的念頭生起，我們都不為所動。當能這樣時，就叫做無憂與自在。之所以稱為無憂，是因為我們不會有心胸狹隘的想法：「我不能禪修。」或「我太昏沈與掉舉了。」

我們應該持續地注視著本性，如同所云：

「無論吃、睡、行、或住，
吾人所做的任何事，都無非如此
等持於三時諸佛法教之中。」

透過保任這種指認的狀態，我們將會達到肯定。然後念頭的顯發力就無法阻止這種狀態。

一開始，在修持前行法時，我們應該一再地生起出離心、對輪迴厭離、信心、和虔誠心。最初，虔誠心和出離心必須是造作的。我們應該持續地禪修，直到真誠的虔誠心和出離心在我們身上生起。但在大圓滿正行的禪修時，就不用想著我們應該要有信心、虔誠心、悲心等等——大乘修道的徵兆——的念頭，並試著產生這些念頭。為何不用？增長這些，會喚起覺性的顯發力並遮蔽了基的本性。當念頭和煩惱出現時，我們應該不要阻止它們，認為這些念頭不應該出現或我們在禪修時應該要沒有貪、嗔。善念和惡念顯現為好、壞，但其本性是相同的——都是法性的顯發力。假如這個本俱覺性的顯發力被全放於本然之流中，就不再有力量，且沒有顯發力顯現的基，就會非常強大。

假如我們在顯發力中製造出一大堆的動作，基就迷失了。雖然基未曾改變地持續存在，但目前基被迷惑所遮蔽。因此，當瑜伽士直接安住且不加任何改變地處在念頭本性的自我指認中，就會知道基。也會變得越來越容易認出本俱、不造作之基的覺受。我們可能會覺得自己目前沒辦法保任在如流水之安住瑜伽中，但這並不是需要假以時日才能做到的事。當禪修氣、脈或本尊時，需要花上好幾個月或好幾年才能有成就的徵兆顯現。但假如一位高證量的上師為我們指引大圓滿的赤裸覺受時，我們就能當場、當下有所連結。

然而，我們並不相信這個指引，就像眼睛沒辦法看到眼睫毛一樣，因為太近了，我們不相信這麼容易就能認出自性。當透過上師的口訣，我們確實相信時，就是決定於一事。一旦這點被確立，我們就會了知覺性的自性並深信不疑。

一般而言，所謂的心，由於六識的緣故，自動地會有過去、現在、和未來之念。但心的本性是空、特質是明。雖然心的本性是空，對空性的執著卻讓它變成狹小的空性。雖然心的特質是明，但對明的執著卻讓它變成狹小的明。一旦本覺被如是地認出，而對先前的空性指認如同某種可被剝除之物的信心就會生起。明性的廣大取決於執取與否，這就是為何據說：「當執著生起，就沒有見。」的緣故。

假如無所執是由心產生的某個東西，那就是造作的無所執。但是當法性的真正本性自行顯現時，我們就不再因覺受而興奮。舉例來說，假如一位大圓滿的瑜伽士安住在自性時，有了一個千佛授記他／她將在某某淨土證得佛果的禪觀，這位瑜伽士也不會特別高興。這不是對諸佛欠缺虔誠心，而是因為一切諸佛都是吾人覺性的化現而非覺性之外，一旦吾人了悟覺性，智慧便俱現為三身之基，有了一個千佛授記的外在禪觀也沒有什麼好驚奇的。

假如吾人沒有執取，誠如所云：「即使被一百名殺手環伺，吾人也沒有絲毫畏懼。」但我們一直未曾透過實際的覺受來了知這點。我們要如何透過覺受來了知這點？藉由前行的修心，我們找尋心的生、住、和滅。一旦心被指引為沒有生、沒有住、也沒有滅時，我們非得證得窮盡法性的狀態不可。

現在上師傳授我們禪修的實修教訣，有些學生在修持時只是想著念頭沒有生也沒有滅。像這樣不會有人能從內在實際地增長信心。認為念頭既無生、無住、無滅，只是一種對寫在書本裡有關無生、無住、無滅的了解而已。這些學生尚未透過覺受了悟無生、無住、無滅。提婆（另譯聖天）曾指出透過覺受對無生、無住、無滅的了悟，他說：「即使在吾人心中有一些疑惑可能產生，揣度著一切現象是否真的都是空的，吾人也不得不徹底放下這種二元分別的迷惑。」

一旦吾人發現了空性，猶如夏天，當大地變得溫暖，所有的果園和森林都會開始自然生長、毋須費力。當本覺被認出時，就不再有任何座上與座下覺受的分別，所以如同所云：

「無修與不離於此，吾人與無修的本性無二無別。」

究竟的大圓滿禪修是否具有造作的見，如在止觀的修行時試著克服昏沈與掉舉？沒有。沒有這般的造作就是「無修」的意義。「不離於此」指的是無修並不是像是睡著了。以不作意的正念保任流水瑜伽、安住在其本然狀態中，我們不會有如芝麻大小般的掉舉。一旦吾人不再變得掉舉，就像世尊、圓滿的佛陀所說的：

「當吾人變得對座上與座下沒有分別時，吾人就像是大象：
當大象走開時，牠安住在自然的狀態中。

當牠停下來時，牠也安住在自然的狀態中。」

當本然狀態沒有絲毫的動搖時，就無物可修且無修了。「不離於此」指的是保任在無物可修且無修的本性中。吾人所不離於此的，就是自性之見，這就是所謂的無修之大修。當吾人安住在究竟不造作的本性、法性時，就沒有特別需要修的，且無修。主體、客體融合成一味，所修的是所謂大本淨之深明。當吾人超越了與此狀態的聚、散，也就再也沒有關於要禪修的某物與某人正在禪修的認定，這是從事物本質的勝義角度來說的。但是談到事物顯現的方式，假如初學者沒有斬斷根本迷惑之根，只是談論無修與不離於此，是沒有任何幫助的。

為了要斬斷根本迷惑之根，吾人應該要安住在本然狀態中不加以改變。一旦吾人安住在真正的本然狀態中，應該要既不追隨吾人的念頭、也不找尋任何的對治。假如自性被全放在本然狀態中，如同所云：「當水不被攪動時，自會變清。」就像髒水，若不去攪動它，就會變清澈。假如心的本性被不加改變地全放、如是，妄念就會自動清除。自性的本然之流就會自動到來。

這就是為何這種禪修也被稱為如海之自然觀修。雖然許多現象如山、岩、果樹、森林、銀河、與星辰等都映現在大海中，但這些顯相並沒有讓大海變得更擁擠；沒有這些倒影也沒有讓大海變得更空曠。無論顯現與否，都對大海沒有利益或弊害。同樣地，當吾人安住在大致認出自性本然之流的狀態時，即使六根的顯相在這種指認的狀態中生起，由於這些顯相沒有隨之而來的貪或嗔念頭，就不會有任何弊害。當六識的生起沒有止滅時，就沒有任何利益。因為在意義上這就像大海，這種禪修就被稱為如海之自然觀修。

不似以身體的修行如大禮拜、以語的修行如持誦咒語，每天可以有些可計數的成果，僅是安住在自性的本然之流中並沒有明顯的成果。雖然無一物可感知，心還是得長時間地持續如此。當比較身、語、意的精進，意的精進是最困難的。要具備意的精進，吾人必須控制自己的心。為了要做到這樣，由於如流水的本然正念目前尚未出現，我們必須透過有所緣的正念，作意地把心放在本然狀態中。假如我們能延續一段很長的時間，就會自動地達到知曉心性。保任在這種指認中，心就會自發地變得更加清晰。

當識被不加改變地全放在其本然狀態中，對初學者來說，在大圓滿典籍中所談的如虛空本淨光明之見不會立即顯現。雖然沒有顯現，但覺性在，覺性在妄念的範疇內，就像砂中的金子。假如吾人不隨妄念而去，而是正確地保任在本然之流中，沒有念頭的產生並且像個牧羊人看好自己的正念，覺性就在那兒。

假如天空中有許多雲，一陣強風能把雲清空，天空就會是湛藍的。同樣地，把心全放在不造作的本然之流中並且不追隨念頭，我們自在地安住在法性中。因為我們是放鬆的，就會漸漸能夠分辨心與覺性。當我們能夠分辨這兩者時，就能夠認出本覺，並安住在指認的狀態中而不改變任何事物。

有時我們會認出本覺，有時則否。當我們認出本覺，會自認為：「我有了這麼棒的禪修！」而感到快樂。當我們還不能認出本覺，我們以為自己不知道如何禪修並覺得糟糕。這不是該繼續下去的方式。即使我們可能還未認出本覺，俱生不變之心還是在那兒。決定此本性並如是地全放，我們應該安住而不去改變任何東西。

即使我們可能真的認出了本覺，也應該不要緊抓住這個正念，認為：「我真的已經認出了本覺。」假如我們緊緊抓住，它會像是被扭得太緊的線：吾人就沒辦法穿針引線，因為線打結了。同樣地，假如吾人太緊繃，吾人的正念就會被遮蔽。假如正念不被緊緊執取，而是全放在本然之流中，有時會清明、有時不會。但我們應該不要被是否清明所困住。假如真正的正念被全放而不加改變，慢慢地透過我們自己的覺受，就會知道：「這是覺性，這是無明；這是心，這是智慧。」

在大圓滿見中，有所謂的「決定」（藏文：lada）與分辨（藏文：shen-je）。「決定」指的是安住在本然狀態中而沒有關於「我的心是對的」或「我的心不對」的任何疑惑。直接決定而沒有任何前、後的造作概念，吾人應該要決定不變的自性，認為：「就是這個！」像這樣的具有信心，自然而然就會是對的。這就是所謂的「決定」。

「分辨」是在那個狀態中，覺性顯現而非心顯現的時候。最好是透過覺受來分辨心與覺性。但這會被遮蔽的情況只有在讀過太多的釋論，然後在此基礎上去試著造作覺受，思忖著如此高明、如虛空般的本淨之見何時會顯現且會是什麼樣子。誠如所云：「變動的心不是佛果。」吾人應該根本不要培養任何東西。閱讀書籍會讓我們對見、修、行有良好的認識，但當安住在禪修中時，我們應該不要添加從書本得來的任何概念。假如我們把補丁加在新衣服上，新衣服就會看起來老舊也不好看。同樣地，假如我們試著添加概念來大幅改變心，就會像是在新衣服上補丁，心的本然狀態就會被遮蔽。

總之，我們應全放心的本性而不加改變。如同所云：「一個偉大的禪修者讓萬物如是，不加改變。」假如我們全放事物而不加改變，心的自性就會自然顯現。當其顯現透過覺受被指認時，我們也毋須特別作意。不用太久的時間，心的自性自會以其方式顯現。

當這個不加改變的本性變得越發強大時，即使念頭會現起，但心也不為所動。當沒有動靜時，就是所謂的「如山的自然觀修」。想像一座位於廣大平原中心的大山，非常穩固且屹立不搖；風和水都不能使其移動。同樣地，當我們被指引了自性見，假如我們能保任在此信心之中，那麼三時的迷惑念頭就必定無法造成任何躁動。保任此見就叫做修。

雖然見和修可區分為不同的面向，但其本性並無分別。絕對沒有見之外的修。在這個情況下，修並不是指有特定參考點的禪修，這是無分別的修。無分別修是毋須以心念作意的。

應該要認出本然之流禪修的本性。當我們安住在這樣的禪修中，修找到了其本然之處，就像馬被韁繩繫住，不能跑太遠而只會待在原處。因此，假如吾人從顯發力現起之處認出了自性，顯發力就無益也無害，它會自顯而自解脫。當修道上所覺受到的子明光認出了俱現在基的母明光且兩者相會時，不會有關於這兩者是否相認的任何錯誤或迷惑；同時也不會有關於指認自性的本然之流並保任的任何錯誤或迷惑。在法教中提及的四種迷失與四種錯誤，都是因為對念頭顯發力的貪執——對空性的期望、對樂的期望、當樂空生起時感到快樂、當未生起時感到失望等。在不加改變的狀態、即自性中自在的安住，就是修。

當保任如流水的安住瑜伽時，在一開始當長時間地安住在此不作意的狀態中，我們會變得昏沈與掉舉，而無法獲得任何禪定的定力。為了要避免這樣，以多次的短座來訓練是大有幫助的。假如心以短座來慢慢訓練，就會變好、變清晰。當心在法性中獲得定力，就會變得如如不動。現在，心顯現的特性是一直在變化。當吾人讓心不加改變地保任在其本然之流中，假如念頭的波動開始翻覆而吾人變得非常躁動時，如同前述在討論認出吾人的本性時，吾人應該要一心專注在覺性上並大聲喊出「呸」字。混亂的念頭波動就會消散。假如念波因我們只喊了一次而未消散，就應該再喊，這樣就會讓念波消散。

這可比喻為打穀。當穀子被敲打，殼就會脫落而露出真正的穀子。當我們注視著因念波的消散而顯露出的本性——赤裸的自性——並保任在其明性中而不加改變，本然之流就會從內顯現。由於初學者無法維持不作意的禪修，當注視著此現起時，應該要一再地生起對輪迴的出離心、深信業果，尤其是對指引心性之上師的真誠虔誠心。假如吾人能祈請上師，上師的加持力就會像是被暴風搧起的森林大火般。

在充斥著散亂的地方要禪修不作意的本性是困難的。在僻靜處修行並捨棄世間八風，我們應該要一心地禪修。就這樣，終會了知我們自己的本性。

在大圓滿的修行中有三個重要的次第，分別是：認出、純熟吾人的技巧、與獲得定力。在認出時，如同前述，吾人分辨心與覺性，並認出本覺。除此之外，吾人應該要純熟這種認出的技巧。假如吾人只是認出覺性而沒有純熟此技巧，覺性在做為吾人妄念的對治上無法發揮作用。一位稚嫩的王子不能治理國家，除非他長大成人，所以只是認出並沒有多大的幫助。當技巧純熟，心就不再昏沈與掉舉，也能被控制。假如吾人以正精進來修行，此精進的果就會到來。當這麼發生時，吾人就能正確地保任修行。

在一開始修持佛法是有點困難。但以艱辛開始，到最後會是快樂的。為何開始是困難的？聞、思、修以增長覺受和了悟，是需要努力的。沒有努力，什麼事也做不成。因此，一開始我們必須要非常精進並承受艱辛。之後，事情會變得容易些。吾人的修行會變得更加穩固，吾人的信心也會增進，正念和覺性自然來到。假如吾人現在不培養任何東西，就會連對輪迴的出離心與深信業果也不會增長。

當生起對自己上師的虔誠心時，吾人應該相信上師就是法身。視上師如法身指的是把上師當成是法界智。上師的身相是世俗諦。因為法身遍滿整個輪迴與涅槃，無論何時吾人憶念起上師，上師就俱現在吾人的心中，超越了聚、散。

假如吾人認出這種俱現，就會有幫助。假如吾人缺乏深信上師為佛的虔誠心，就不會有任何幫助。只有透過虔誠心，才能去除所有的障礙並強化吾人的修行。當不作意的虔誠心在我們身上增長時，只是透過憶念上師的名號或在夢中見到上師，凡夫的念頭就會自然停止。僅是以內在信心想到上師，就會增進吾人的修行。

一個果實可能有很多層皮，假如我們把皮一層一層削掉，就會慢慢得到內在的精華。吾人不能只是削掉第一層皮就得到內在的精華。同樣地，吾人不能立即就達到心的體性，但是透過努力改變緣，如得與失、善境與惡境等的幅度，心會變得穩定。在瑜伽士的禪修中，許多覺受，例如樂、明、無念等，會生起。假如吾人貪執於任何一種這些覺受，只會在輪迴中越陷越深。但假如吾人不執取覺受，就能夠獲得定力。

如果把髒水煮沸一段時間，吾人就不會因為飲用這水而生病。這水喝起來又好又甜，吾人也能夠從喝這水而獲得滋養。因此有時在瑜伽士的禪修中，透過順緣，信心、虔誠心、和悲心會生起；有時，透過順緣，貪、嗔、癡會生起；有時吾人可能會昏沈，有時會興奮。在所有這些狀況下，吾人都應該盡力地生起對自己上師的虔誠心。當保任自性本然之流的持續正念，並徹底與心合而為一時，自性的本然之流就會真正顯現。

我們可談到瑜伽士的禪修被摧毀。這指的是覺受的外殼被剝除，且瑜伽士能夠直接見到自性的精髓。假如吾人不能剝除覺受的外殼，就無法認出如是的體性。為了要剝除外殼，沒有希望與恐懼是很重要的。

假如吾人造作了心念的參考點，譬如：「我的禪修是空；這一定是空性。」或「這是明，這一定是明性。」那麼法性就會被遮蔽。吾人應該不要造作任何東西，無論本然之流顯現與否。假如吾人只是決定於一事並如此全放，本然之流就會到來。

要具有本然、不作意的正念是困難的，而且吾人必須非常精進很長的一段時間，透過安住在如流水的狀態中來保任不加改變的自性。如密勒日巴所言：

「當我離去時，離去被帶入修道，

六根自解脫如離去；

當我住時，安住於不改變任何事；

當我飲時，飲下正念與覺性之水，不斷飲著。」

若沒有這類的方法，我們可能會放棄對不作意心性的禪修，認為最好致力於生起次第的修持；而當我們無法完成生起次第時，可能會認為最好致力於圓滿次第的修持。並不是這些法教不夠甚深，而是若我們想專精許多不同教授的訣竅，就會甚至連一項都沒法獲得穩固。但是，假如我們決定於一事，生起次第與圓滿次第兩者都能成就。透過決定於一事，每項修行都能成就。

在一開始，透過持續保任不加改變的正念來稍微收束心，我們會學到正念的本性。遍知隆欽．冉江在《口訣藏》（藏文：*men-ngag dzö*）中提到了六種正念。當一開始凡夫不管散亂與否，都持續看著，這是有所緣的正念。當透過持續修持有所緣的正念，覺性會一再地顯現，而我們變得熟悉有所緣的正念，正念的本俱狀態就會自然來到。

何謂正念的本俱狀態？不論發生什麼——不管是貪或嗔、樂或明或無念的覺受、或什麼也沒有，我們就只是鬆坦著——看著心的本性。我們的本覺具有解脫分，當解脫分被認出時，我們就不再被念頭的顯發力所欺騙。

假如我們不能認出這個解脫分，就會被念頭的顯發力耍弄。假如我們要分辨而沒有認出這個解脫分，就只是在造作事情而已。帶著造作之心，是絕對沒辦法證得佛果的。假如我們認出解脫分，決定於一事，並安住在此本性中，所有顯發力就會消融在自性的基明光中。

幻化（藏文：rölpa）是外境，這導致了貪與嗔；顯發力是當貪、嗔一現起就俱在的能量。貪嗔與顯發力，分別是粗重與微細的。如同所云：

「假如吾人不分辨顯發力與從其顯現者，
吾人要如何知道覺醒之心的本性？」

顯發力與從其顯現者之間的區別，非常微細也很難了知。知道顯發力的本性，弄清楚顯發力的根源是自性，並保任在不加改變的狀態中——這就是「修是欽哲．偉瑟」的要點。除了這點，毋須再尋求其他的禪修方法。

如同前述，決定見並保任修，我們就會認出、純熟技巧、並獲得定力。在獲得定力之後，一切都被此放諸四海皆準的對治、即自性的不加改變狀態所解脫。一再地保任這點，在座上和座下、好與壞、微細與粗重之間，就沒有任何的分別。不改變任何地安住於此狀態中是非常重要的。

第三章

行

《椎擊三要》的口訣來自於大圓滿的傳承，是由持明極喜金剛，把濃縮了本淨、立斷全部義理於見、修、行要點的一個教誡，傳授予阿闍黎文殊友。我們已經談過了見，就是認出我們的本性；也談過了修，就是決定於一事。現在我要解說行，就是獲致對解脫的信心。

獲致對解脫的信心所指為何？指的就是「行是嘉威・紐古。」總攝大圓滿的精髓：當勝義菩提心（梵文：bodhichitta）被帶入道上，迷妄的根源就瓦解了。勝義菩提心、諸佛菩薩的禪修智慧，當透過文字與種子字被教導時，就是大圓滿。當某人了悟了大圓滿見，並以此為基礎圓滿了修，然後殊勝的菩提心在他們心中增長時，屆時身、語、意所做的任何行為，無一不是為了眾生的利益。

這可比喻為把藥加入水中。假如吾人把藥加入水中，所有的水都變成了藥。假如吾人把毒加入水中，所有水就都變成了毒。飲用了藥水或以藥水清洗的任何人，得到的都會只有利益，根本不會造成任何問題。同樣地，一旦我們覺受到勝義菩提心，就會自動利益眾生而毋須試著這麼做。所以，正因為遍知持明吉美・林巴圓滿了自證、大圓滿的無分別見，《隆欽心髓》的法教便從他覺性的顯發力中出現，帶給眾生莫大的利益。這是因為他在僻靜處保任無分別之勝義菩提心的願力使然。

雖然這位偉大的遍知上師有不可勝數的弟子，如天上繁星或地上樹木般眾多，他的不共心子是康區的四位吉美（藏文：jigme，無畏之意），其中之一是吉美．嘉威．紐古，他是觀世音菩薩的化身。他從遍知吉美．林巴領受了大圓滿《隆欽心髓》的灌頂、口傳、口訣、和解說。

當他準備返回故鄉時，偉大的遍知者說道：「看起來在你未開化的家鄉，人們只會茹毛飲血、搶奪偷盜，你會有一些弟子，你應該以《光明心髓》（藏文：*ösel nyingthik*）的法教來利益他們。」

說完，吉美．林巴就把這個法教付囑予他。正因如此，在遍知者的所有弟子當中，吉美．嘉威．紐古變成是最富盛名的。他對法教和眾生的利益是不可思議的，尤其是，他把他的證悟傳予兩位不共弟子：蔣揚．欽哲．旺波和巴楚．卻吉．旺波，這兩位弘傳了此法的研習與修持。直到今日，在所有藏傳佛教的不同教派中，無一不是與蔣揚．欽哲．旺波有關連的。

這一切都是因為勝義菩提心的力量。根據大圓滿的口訣，要在吾人身上增長勝義菩提心的潛能，吾人需要獲致對解脫的信心。沒有對見與修的信心，即使吾人有心想要幫助他人，也會被散亂所包圍，困在世間八風當中，被貪與嗔所奴役。假如吾人圓滿了大圓滿的見與修，即使外在看來吾人不能藉由傳法給許多人等等來廣泛利益眾生，透過住於吾人內心深處的自俱悲心，吾人也非得以見、聞、憶、受等方式，自然地導引一切眾生步上解脫道不可。所以，吾人應該獲致對見與修的信心。

這種見和修的信心又是怎樣的？吾人應該能夠自然地解脫一切迷妄的輪迴概念，而解脫的要點歸結於見和修。當我們獲致對見與修的究竟信心，一切業與煩惱的迷惑就會被解脫。這就好比是天上的雲，無論雲層多麼密佈，當強風吹起，天空就會變得完全清朗。雲層是無常的，而天空永遠在那兒。當雲聚集，天空並沒有消失，而當沒有雲時，天空事實上也沒有變得更加明亮。我們應該要明白這解脫的要點。

在所有大圓滿的教訣中，有三個要點：決定（藏文：lada）、分辨（藏文：shen-je）、和自解脫（藏文：rangdröl）。「決定」指的是決定見；「分辨」指的是在修中辨別心和覺性而獲得信心；依此見和修的信心力量就像是知道如何發動引擎：吾人能自動地完成任何事，無論有多艱難。知道這個解脫的秘密方法是非常重要的。

關於解脫，在一般的法乘中，有須捨者和與其相反的對治。須捨去者被視為如敵人般，而對治，是有別於此的其他事物，與須捨者相反，亦是用來解脫的方法。然而，在大圓滿中，於口訣的要點中是須捨者的自解脫。什麼是自解脫？即須捨者是偶發的；根本不存在於本初之基中。須捨者是業與煩惱。假如業與煩惱存在於本初之基中，本初之基的本性就不會是本淨的。目前，處於迷妄中，我們抓住不存在、猶如幻覺或海市蜃樓的事物──這只是一個魔幻的伎倆。那些已了悟自性的人見到這些現象，與三界中的迷妄眾生不同，他們根本不會被迷惑。

之所以說迷妄是偶發的原因，是因為雖然沒有任何的根基，但迷妄會顯現出來。當基離於迷妄的本然狀態被了悟時，迷妄就是毫無基礎或根源的。雖然當天空有了烏雲的時候，並不清朗，但當沒有了烏雲，天空就非常明亮，天空本身是不變的。同樣地，關於基、道、果：各別地，業障和煩惱障看起來是存在的；它們看似一個混合物，有時出現，有時不見；但勝義的本性並不會被蓋障所限制。不被限制的根源歸結於空性見。假如吾人能掌握空性見，不可避免地迷妄的根就會被解脫。

直到大圓滿之前，須捨者被視為敵人，而其對治被視為如朋友。當這兩者在戰鬥和爭鬥時，只會產生更多的爭鬥。同樣地，當須捨者與其對治彼此對立時，構成須捨者的蓋障根本就無法被克服。另一方面，假如吾人了悟法性、離於任何須捨的本然狀態，吾人就能見到須捨者的本性也是空性。

假如沒有業和煩惱需要捨棄，佛陀就不會教導了八萬四千法門。當每個人都已覺醒並證悟了法身，就沒有必要轉法輪，也不會有轉法輪的方法。佛陀轉法輪傳授了漸道的法教，是因為有須捨者，因為這個，才有可用功的對象。須捨者不應被視為敵人，而應被當成朋友。一旦我們攫取了內在須捨者的命根，不可避免地迷妄的根就會被清淨。這是因為須捨棄之業和煩惱的本性是空性。所以我們應該要知道空性的要點。

什麼是空性的要點？如前所述，透過了悟我們的本性並決定於一事，我們終會明白須捨者的要點。關於我們身上的業障與煩惱障，假如我們向別處找尋對治，採取蓋障必須像是用榔頭敲碎一只瓶子的方式來處理的方法，當然就會頗為棘手。但若是當須捨的蓋障現起時，我們生起對自顯覺性的信心來對應，須捨者的根基不被解脫是不可能的。

對如此解脫缺乏信心，縱使我們能在山中閉關達數月、數年之久，或是以身和語精進地修持，也絕對無法根除內在煩惱的毒樹。假如我們無法根除此樹，就不可能脫離輪迴的三界。假如我們知道並熟悉解脫的要點，且對自性具有信心，不管我們去或留——無論所做何事——煩惱在出現時就會被解脫。雖然外在上我們可能並不出名，但內在上名聲會自動來到。即使貪、嗔現起，假如我們認出其本性是空性，並安住在空性中，根本就不會有對對境的貪、嗔。

當我們教導初學者事物的本性時，如同前述，對他們而言可能常會覺得這無非是斷見。所以現在我們應該如何面對這個解脫的要點？已經長久保任在不加改變心之本然狀態的覺受，並分辨心與覺性後，如同前述，我們會有「這一定是大圓滿、自性之見」的覺受，就像是遇到我們認識的某人一樣。

由於心之偶發蓋障的不淨——即須捨者——當我們喜歡的事情發生時，就會貪執這些事物：舉例來說，當獲得高位；經驗世俗的娛樂；

遇見父母、親戚、夫妻、或許久未見的親近之人時，會生起強烈的喜悅念頭。當喜悅的念頭一生起，我們立刻就執著此念。假如我們捨棄此念，認為不應該貪執且一切有緣法皆是無常，我們就會纏在須捨者與其對治的爭鬥之中，不會有任何幫助。但假如我們注視著強烈喜悅的本性而不加以改變，就會達到圓俱一切殊勝相的空性智。我們之所以會達到此境界，是因為即使我們執著了此強烈的喜悅並感到興奮，但其本性無非是空性。

舉另一個例子來說，假如我們見到敵人、某個我們不喜歡的人，當我們注視著這個敵人就會變得憤怒。我們可能會憤怒到想要生啃其心，且因為憤怒有去殺害或爭鬥的特性，假如我們追逐這個憤怒，就會累積嗔業。儘管如此，假如在嗔心一生起時，我們立即注視著憤怒的本性，就會見到它是空性。

由於我們增長對想要對象的強烈貪執，樂空的無分別智就俱現在心中生起的樂、明、無念之中。假如我們認出此樂空的無分別智，我們的心非得鬆坦不可，而不會被貪愛和強烈喜悅所束縛。我們根本不會緊張。假如我們認出嗔的本性是明空的大圓鏡智，因為嗔是空的，我們就不會被嗔所控制，也不會認為我們得降伏或殺掉我們的對手，即使以生命為代價也在所不惜。這一切都會放鬆和崩落。

雖然天空可能佈滿烏雲，這麼多的烏雲可能在幾分鐘之內就會消失無蹤，留下清朗的天空。所以雖然我們可能會覺得貪和嗔的感覺須被捨棄，但並不需要這麼做。假如我們認出了貪和嗔的真正本性，這本身就是對治。假如我們認出了此對治的本性，樂空和明空的覺性，且任此覺性裸然，我們就會見到在此覺性的本然狀態中，從未有過任何貪或嗔，沒有貪或嗔生起的任何根基，這就叫做法性的狀態，在此，心無立足之地，也沒有任何的顯發力。這就是遍知持明吉美．林巴談到他晚年所發生的一件事時，記載在其傳記中，所說的：「此輪迴之心從三解脫門而離於聚、散。」

因為宛如虛空，本性就是貪與嗔之對治的解脫要點；因為就與煩惱、須捨者在一起，毋須有其他的對治。當須捨者從其本身、從須捨者解脫時，就叫做自解脫。對解脫的信心指的是透過對見和修的信心，當須捨者出現時，我們會觀察其本性並知道它與空性的自性無二無別、超越了聚散。透過空性，須捨者自動被解脫。當它被解脫時，就沒有業的產生。

已經證得空性的人不會產生業。因為他們對法性見的信心，如帝洛巴這樣的偉大上師，在殺魚時絕不會犯下殺生的過失。帝諾巴向他的弟子那洛巴清楚地示範，當他隨後一彈指，魚就復活了。因為被殺的對象和殺者之心，都在同一本淨的大自性中被清淨了，所以絕對沒有絲毫凡夫的嗔念。一旦不再有任何凡夫的嗔念，須捨棄的某種業就不會累積。假如業沒有累積，迷惑的、有緣法之業的輪迴三界，就變得無立足之地且無任何顯發力。

因此，當我們在修行時，假如貪或嗔的念頭冒出，就在它們一生起，我們應該立即憶起決定於一事的見，就是我們先前被指引的見。假如我們憶起見的覺受，貪和嗔不得不自動被解脫。當我們增長對敵人的憤怒且決意非殺掉仇敵不可——即使我們已經到了手握武器的地步——假如我們認出在憤怒狀態中的明空覺性智，這種對敵人的強烈嗔恨就會被中斷並放鬆下來。一旦放鬆了，我們就不會施行嗔恨的舉動。

這可比喻為鳥過無痕的飛翔。當一隻鳥飛過天空，吾人無法指出牠飛過的任何痕跡。同樣地，當貪或嗔的念頭出現，假如我們對自解脫有信心，念頭就會消失而沒有留下一絲痕跡，且完全不會製造任何業。

舉例來說，假如吾人在田裡播種，而不去澆水，即使種子在那兒許多年，也不會發芽長出。同樣地，假如我們不製造業行，就不會有任何事發生，因為輪迴三界是一個由業製造出的幻覺、由業創造出的現象。假如我們認出其本性，就會知道自己在無數生中完全被蒙蔽到現在。假如我們了悟了空性見，迷惑就會毫無困難地立刻被摧毀。迷惑被自解脫。

否則，假如我們認為迷惑的特質就像是被一塊布罩住，而必須透過淨化來把布移開，所以我們就必須長時間地累積資糧和清淨蓋障。但假如我們對見具有信心，迷惑不可避免地就會被自解脫。

在大圓滿底下的法乘，並不了悟當貪或嗔的念頭出現時，其對治來自於這些念頭的顯發力。這些法乘認定佛陀並未教導這個法門。這就是為何這些底下的法乘不明白須捨者的對治早已在那兒，而向別處找尋其對治。在大圓滿中，當貪或嗔的念頭在吾人心中出現時，假如吾人注視著其本性，並知道在法性中偉大自解脫的要點，一切迷妄的根基不可避免地被解脫。

在大圓滿的特殊用語中，念頭、業、和煩惱被說成是偶發的。僅是認出憤怒是明空的智慧且貪是樂空的智慧還不夠，這種指認必須持續地維持著。假如我們沒有維持，就不能接近迷惑的根源，它就會像是一種一再出現的疾病。當我們認出且保任在指認的狀態中，自性之見就會變得更強大。猶如洗衣服且洗得潔白無垢般，就會是本初自在與清淨。

首先我們應該要認出須捨者。在認出時，我們應了知明空智慧與樂空智慧就在須捨者出現之間。透過安住於明空且樂空狀態之中的力量，須捨者就會自然地止息和解脫。一旦須捨者自然止息與解脫，當吾人安住在此之前已覺受的狀態中，須捨者就無法增強。就這樣，一切念頭就會自動地解脫。

一旦解脫，我們就會見到迷惑、除了被標誌為「迷惑」之外，什麼都沒有。如同所云：

「這個極大的無明概念
就是讓我們落入輪迴苦海的東西。」

因此，無明的魔幻伎倆就是念頭。在一開始我們應該注視著心，並了知心沒有生、住、滅。為何得這麼做？因為我們就會自動地解脫。

大手印是從直指心開始，帶來對覺性的了知。雖然覺性被了知，在大手印的傳統中吾人必須精進地禪修靜、動、和覺性很長一段時間。假如吾人能做到，必然會認出自解脫覺性的本性。在大圓滿中，我們依止分辨心與覺性之見。假如吾人能長時間地保任這種指認，不可避免地就會達到基。

就特殊用語而言，在大手印中叫做把心帶入道，而大圓滿中則稱為把智慧帶入道。但是，假如關於把智慧帶入道的智慧根源若沒被直指，就不會有解脫。假如沒有解脫，就不是大圓滿正確的見。

總之，關於解脫，須捨者和其對治不必是對立的。須捨者可被自身所解脫。貪可由貪解脫，嗔可由嗔解脫，癡可由癡解脫。一開始自解脫會有些造作。但假如吾人真的獲致對自性見的信心，心就不需要造作任何東西。就在開始即被解脫。

目前，我們被現象所迷惑。雖然現象是解脫的，但我們卻無法認出這點，所以我們緊抓現象不放。猶如患有黃疸的人，見到的白色法螺是黃色的。認出這點是很重要的。

要達到這種解脫，在一開始當妄念冒出時，我們應該要認出妄念。當這種指認以曾被直指的見所封印時，念頭就會被解脫為無立足之地與無根。當念頭被解脫時，應當不會留下任何痕跡。假如還有痕跡，就會再產生業。假如沒有留下任何痕跡，就是念頭被解脫的徵兆。

在某些法教中，說吾人所要做的一切，就是認出念頭。但僅是認出念頭還不夠。這種認出必須是解脫的。當然，對初學者來說，只是認出念頭就夠了。缺乏這種認出，假如吾人只會往外看，當善念或惡念生起時，就會無法認出這些念頭。若是更進一步，假如這種指認以自性見來封印，念頭就會消失。但即使念頭消失了，假如吾人不能免於留下這些念頭的任何痕跡，還是會產生業。假如沒有留下任何痕跡，念頭就被解脫了。

至於這種解脫如何發生，班智達無垢友曾說過三種方式：一開始，念頭的解脫透過被認出，猶如遇見老友；在中間，念頭本身的自解脫，猶如蛇結的解開；在最後，在念頭出現時的解脫，既無害也無益，猶如賊入空屋。

當我們認出念頭，這指認本身並不會解脫念頭。並不是說我們就不應認出；必須要認出。但當認出時，不去執取念頭，生出念頭的基──由我們上師所直指的心不加改變之本然狀態──應該也要被認出。當我們注視著這個指認，念頭的力量就會破碎，且對自性的指認就會變強。於是就不會產生任何反應。一旦我們停止製造反應，由於念頭本身是自現且自解脫的，我們就會發現解脫的根源。被念頭所騙就像是害怕一個披了獅子皮的人。但假如我們知道念頭的本性是空性，就像了悟那只不過一個帶了面具的人，念頭的力量就會破碎，我們會自然地放鬆。

我們並非只因一個念頭就流轉在輪迴三界之中。有一連串的念頭之流。舉想要傷害敵人的念頭為例，首先我們想到敵人是如此這般地傷害我們，或以如此這般的言語指責我們；於是我們就想著應該要以牙還牙，然後想著要這麼做，之後我們就真的開始傷人的行為。僅是一開始想傷害敵人的念頭並不會累積業，但當許多念頭一個接著一個而沒有被解脫時，只是解脫一個念頭並沒有幫助，所有之後的念頭也都必須加以解脫。

如果第一念被解脫，不可避免地之後的念頭也都會被解脫。所以首先我們應該要認出這個念頭，在認出的當下，這個念頭應該要毫不留下痕跡地被解脫。

回想起遇見老朋友、某個我們熟識的人、我們曾相處過很長一段時間的人，在成千上萬的人群中，當我們一見到他們臉的那一刻就能夠認出他們來。我們不僅能認出這樣的人，還會跟他們一起走路、花時間相處。同樣地，一開始念頭被認出來，然後指認的本性應該在我們上師所直指的法性見中解脫。當它被解脫時，就離於根基與根本，沒有留下任何痕跡。就像我們不滿足於只是見到老朋友一面，而是在認出老友時也馬上跟他們交談，問他們過得好不好，跟他們一起放輕鬆，因此覺得遇見朋友真好，所以，同樣地，隨著指認也必須同時解脫。

在中間，念頭的自解脫就像是一條蛇打結會自行解開。一開始念頭被認出。當這種指認發生時，由我們上師所指引的見變得更強大，而念頭則變得更薄弱。之後，假如念頭留下痕跡，雖然需要一點點的作意，但初學者仍必須認出這點。藉由認出而變得熟悉這種解脫好比是一條蛇打結而解開。假如這個結是蛇身所成，就不用別人來幫牠解開。蛇身本身就是能解開自身的對治。

當念頭的指認以自性見來封印時，須捨者與其對治就毋須彼此掙扎。須捨者本身就是對治，就會自行解脫。就像蛇的結自行解開般，毋須尋找某種別的對治。對治也由對治本身所解脫。須捨者也由自身所解脫。

當我們變得熟悉這點，一開始認出念頭，然後，不用試著純熟指認的技巧，而應以自性見來加以封印。我們不需要造作任何的作意，想著：「這已被封印且毫無痕跡地解脫。」當我們一認出念頭並以自性見來封印時，念頭的力量就破碎了，自然就放鬆了。當下的念頭再也沒有力量，下一個念頭也還不成形。當下一個念頭不是念頭時，就沒有留下任何的痕跡。假如沒有留下任何痕跡，那麼業就不可能累積。

當我們獲致對自性見的信心而沒有散亂或迷惑時，妄念的生起就猶如賊入空屋。屋子裡沒有東西可失去，賊也就一無所獲。不管賊有沒有進屋，都無益也無害。同樣地，念頭會現起，就像是倒影般；但在念頭出現的那一刻，自性見也在那兒。因為自性見比念頭還強大，念頭就會自動地毫無立足之地與無根。當這樣時，同樣也沒有留下任何痕跡。假如我們能夠保任在這種狀態的持續而沒有留下任何痕跡，這就是所謂的解脫。這就猶如在水上作畫：不需要找其他東西來把畫擦掉。在畫完之前，最初的部分已然消失。

假如不是像這樣，我們就還沒能解脫。我們應該注視著自心，去看著貪念和嗔念的出現。當這些念頭出現時，我們應該去看它們是否被我們曾覺受過的見所封印。假如被封印了，我們應該去看念頭是否解脫而沒有留下痕跡，沒有產生任何反應。

我們應該仔細地觀察自心。所謂的「念頭」要不是粗重就是微細。當一個粗重的念頭由內生起時，我們注視著這個念頭的面目，認出我們覺得快樂或是憤怒，這就是粗重的念頭。除了粗重的念頭之外，許多念頭會開展出來，就像水面上的畫作，既不有利、也無弊害。當這種念頭開展時，我們可能會認為自己的心並不散亂、沒有留下痕跡，而且我們已經認出了念頭；但微細念頭的出現是很隱密的，且業也會累積。這猶如我們底下的螞蟻窩——很多念頭從底下冒出來，我們不得不變得迷惑。假如我們不能解脫伏流，許多念頭就會聚在一起並產生反應。但假如我們知道如何避免產生反應，即使念頭出現了，既不有利、也無弊害。這就是為何我們能避免以念頭造業的方法。

念頭的特性是其顯現方式是不確定的。念頭的確會出現。貪念和嗔念必然出現。假如我們把這些念頭當做對治，當它們一出現就會立即被解脫。假如我們以自性見來封印念頭，它們不可避免地會被解脫。

但是，假如我們沒有徹底了知自性見，而迷失在想著我們所作所為的旁支，就會有許多未曾注意到的念頭活動，雖然我們可能認為自己的心沒有散亂也沒有留下任何痕跡，但事實上我們卻自動地累積了許多業。並不是身和語所累積的業，而是意所累積的。除非真的沒有任何痕跡留下，否則心是不會停止產生反應的。

一旦我們不再產生反應，念頭就猶如在水上所畫的圖樣，在畫下時便消失。假如像這樣，雖然念頭出現，既無益也無害。

念頭的現起對瑜伽士和世俗之人來說都同樣發生。即使是一位已經真正證得了勝義的瑜伽士，也沒徹底免除念頭。根本沒有念頭的人會是無生物，如石頭或一塊木頭。雖然瑜伽士有念頭，他們也不受影響。世俗之人卻困在他們的念頭當中，這就是世人如何迷惑的所在。這就是所謂瑜伽士之心勝過世俗之心的涵義。雖然瑜伽士有念頭，但這些念頭就像是反映在海上的許多影像，樹木、森林、岩石、山巒、繁星和星辰等都不會改變大海的本質。大海也不用擴張或縮小以便反映出這些影像。同樣地，雖然有許多念頭，善念和惡念，顯現在瑜伽士的心中，但它們並沒有留下任何痕跡而是被認出和解脫，也就沒有迷惑。

當凡夫有念頭時，猶如在偪促的空間裡蓋房子和種樹——每間房子和每棵樹都讓空間變得更擁擠，讓這空間越來越不能被利用。當凡夫有了許多念頭，就被念頭所帶走。被他們的念頭所包圍，在這一生中有了許多問題且異常忙碌。在來生中，他們也同樣會經歷許多快樂和痛苦，所以據說假如吾人不能解脫念頭，應該要斬斷過去念頭的習氣痕跡，不要滋長未來的念頭，也不讓當下的覺性散逸。一旦念頭被解脫，這一切都不需要了。假如念頭不會影響我們，解脫或不解脫完全不成問題。所謂的「解脫」是當一個念頭沒有留下痕跡，所以也沒有善業或惡業累積的時刻。

假如我們不知道這個解脫的要點，也不能應用解脫的法門，即使心沒有念頭且長時間保持在漆黑一片，也不是大圓滿見。假如心長時間保持在無念的昏暗狀態中，我們可能會長達一整個中劫的時間都處在無色界中。即使如此，這也只像是喝醉酒一樣地消磨過去——不會斷除輪迴之根。之後，當這個止的力量被耗盡時，我們又會迷妄於三界輪迴之中。這是因為我們沒能解脫自己的念頭。

假如念頭沒被解脫，我們就不能斬斷迷妄之根。這就像是不能砍斷一棵毒樹的根一樣。當一位瑜伽士證得解脫，無論心平靜與否，都是解脫。這是對自解脫的確信。這種解脫毋須更多的對治，須捨者早已自解脫了。假如吾人知道自解脫的要點，這就是念頭如何解脫的所在。

大圓滿的口訣提到了四種解脫：本初解脫、裸然解脫、自解脫、和現起解脫。在這四種解脫裡，我們必須認出念頭從法性的狀態中生起。假如這種認出隨之被自性見所封印，當下所有解脫的關鍵就都完備了。但假如我們只是保持在止的靜心中，我們就像是較高界的天人，沒法斷除煩惱。

在止觀的禪修中有許多散亂。當心保持靜止不動，就叫做止、或輕安，但不是那種念頭不出現的輕安。雖然念頭出現，假如本覺沒被遮蔽，就是止的輕安。當念頭出現且覺性未喪失，輕安就自動俱現。假如本覺猶如被握在手掌中，念頭的出現就會既無利也無害，也就絕對沒有對輕安覺受的執取。這就叫做無執取的見。如同此教言所說的：「若執著生起，見已消失。」執取應從內在來摧毀。

關於心的本性：樂、明、和無念目前就存在於我們迷妄的心中。當本覺被了知時，樂、明、和無念也就在其中。雖然在這兩種情況下我們所使用的詞彙相同，但在意義上卻有所不同。了悟覺性中的樂、明、無念是比較殊勝的。雖然心有可能體驗樂、明、無念，但沒有解脫的要點，就不是大圓滿見。當覺性認出了樂、明、無念，解脫的重點就在那兒。在這種樂、明、無念中，樂被解脫如是、明也被解脫如是。

安住在無念狀態中的解脫，是覺性本然狀態的精髓。一旦你把覺性本然狀態的精髓掌握在你的手中時，在這種裸然覺性的指認中，念頭是不可能不被解脫的。這就像是兩個國家在戰爭，當戰爭的起因、宣戰的那個人，被敵國抓住時，戰爭就結束了。同樣地，當掌握了本覺的自解脫、在心的自性中自解脫的要點，心就不再被迷惑所動搖。心就解脫了。這種解脫並不是什麼新鮮事，而是，這是偉大本初解脫的本性、從無始以來就是自由的。對於某個有了解脫訣竅的人，任何念頭的生起都是智慧的化現，就此而言，據說一切現象都是智慧的化現。

一旦瑜伽士了知此大智的本性，即使他可能沒有觀想自身是本尊，不管他觀想了沒有，他的身體就是本尊。這是因為他對法性見的信心所致，法性見是生起次第中不變之見的凝聚力。即使瑜伽士沒有持誦許多的咒語，心住在自性中就是一切咒語的究竟、離詮智慧。當這種智慧被認出時，咒語的力量就完備了。

已經證得現觀自性的人具有無窮的力量。當印度大成就者示現神通，譬如只是做出了威嚇印就把整座森林燒光，這並不是因為手印的力量，而是內在自性見的力量。當吾人以內在之見而了悟一切現象為空性時，吾人就已精通了把物質化為空無、把空無化為物質的能力，如果需要的話。沒有了對內在之見的信心，要把有形的現象變成不存在或反之而行都很困難。舉例來說，假如我們想要毀掉一間房子，我們一般都得使用武器或工具來做一大堆工。但假如我們具有對法性見的信心，然後禪修本尊、持誦咒語，誅咒的力量與神通力就會自動出現，其他的任何工具都不需要。

這就像是一塊地有了豐收的莊稼：吾人毋須特別費勁在打穀機上，它們自然就會有穀物出來。同樣地，假如我們善加了知自性見、如來藏，無所緣現象的大海就會自動成就，信心和虔誠心會生起，且我們會視上師為佛。由於這種力量所致，我們就能夠證得一切殊勝和共通的成就。舉例來說，蓮師和持明師利星哈，獲得了對覺性顯發力的掌控並圓滿了內在的法性見。對他們而言，整個輪迴和涅槃成了自性的化現，這種化現可以是任何吾人想要的樣子。眾生可以被轉化為諸佛、不淨可以轉化為清淨。

佛的功德在顯宗因乘中被解說時，據說已經證得十力的菩薩若想要住世，可以如其所願地常住許多劫而不會老去。若菩薩不想住世，可以立即圓寂。當吾人掌握了內在禪定時，就叫做俱足十力。這和外在力量的傳遞沒有任何關係。當吾人一再地保任在這種本性中，法性見是自由的，一切迷惑都被清淨為無立足之地。這就是把一百個要點濃縮為一。

一旦吾人以這種方式獲致對法性見的信心，佛的功德就會毫不費力地自動俱現。當太陽照耀時，毋須特別做什麼來讓陽光也普照。

對具有法性見信心的瑜伽士，或以因乘修道而證得了初地的菩薩——現證空性見的人——來說，假如在他的右側有人尊崇他並向他獻上錦緞的悅供等等，而在他的左側是一個攻擊他的敵人並把他的肉砍成碎片，他也不會對其中一人生起貪愛或對另一人生起嗔恨，而是會平等地對待這兩人。他能這麼做是因為他已經獲得了法性見的信心。

在本生經的故事中，說到當仁慈的世尊曾是聖者忍辱仙人（Kshantivadin）時，他的四肢全被砍斷時也不覺得有任何痛苦。到最後，連他的頭都被砍下。一般來說，若是被砍掉頭的人一定會很憤怒，但忍辱仙人不會。反而，他發了這樣的願：「雖然現在你把我的四肢都砍斷，在未來，當我證得圓滿佛果時，願我能砍斷你所有的業障和煩惱障。」一開始他沒有生起任何的憤怒，中間他也沒有生起，在最後也沒有生起。用大圓滿的語言來說，我們會說忍辱仙人能夠解脫傷害他的那個人成為他的弟子，因為他的願力。誠如所云：

「任何傷害我們的人，我們應締造善緣

皈依此快樂之因。」

與真正證得法性見的人有所關連的任何人，都會成為此人的弟子。無論是以信心和虔誠心尊崇這位瑜伽士，或以打、殺這位瑜伽士而產生惡緣，在未來他們都會成為這位瑜伽士的弟子，沒有絲毫分別。這是因為瑜伽士沒有任何利益或傷害的概念。已經證得了猶如虛空般的空性見，瑜伽士對傷害他們的人沒有嗔恨，對利益他們的人也沒有貪執。

在眾多的佛經或密續中，都解說了平等捨見是極為甚深的。根據顯宗因乘的說法，雖然勝義的平等捨見由八地菩薩以個人覺受的方式生起，但即使到達了八地的境界，也還沒能顯現、增長、和圓滿平等捨見。

現在在密咒金剛乘的修道中，瑪哈瑜伽乘的見從清淨平等捨與實相無二無別的角度來討論。清淨是平等捨，而平等捨是究竟實相。當解說大圓滿法時，就叫做離於善惡因果之法。當見到善與惡在空性中是平等時，就了知了平等捨見，這是真正的見。當我們圓滿了這個見，之後所謂的解脫便不涉入解脫者與某個剛被解脫的東西。這就是對自性的信心。

已經證得了這般對內在平等捨見的信心，就稱為獲致對解脫的信心。我們以身和語所做的任何事情都以此見來封印。假如檀香或麝香被放在盒子裡，即使把檀香或麝香取出後，盒子也會瀰漫著強烈的香氣。同樣地，當身、語、意以平等捨見來封印時，我們以身、語、意所做的任何事都是智慧的化現，是離於迷妄的。因此，究竟、本淨的本然狀態，從無始以來就解脫的大本淨，被稱為獲致解脫的信心。

總攝：見、修、行的無別

我們已經注視了見、修、行的重點。在教導時，見、修、行被呈現為三件事，但在體性上三者為一。當見圓滿時，修和行也就自然地圓滿，修圓滿時，見和行就會自動地顯現。在一般的佛經和密續中，見——被了知的對境——被知曉之心所了解。以那種方式，吾人需要努力地了解引經據典、因明、和口訣。大圓滿見，在無始以來就已經俱現在我們身上，能透過具有密意傳承加持力的上師來指引給我們。當有錢的父母給小孩遺產時，小孩就會認出財富是他的。同樣地，指引給我們的見是我們自己具有的某種東西，不是從外而來的。修是安住在此見的本性中：除了此見之外，沒有別的修。

根據一般法乘的語言，看起來似乎見是透過推論來了知的，而修是實際的經驗。但不一定非得是這樣。見必須實際被了悟，而修也非推論，修是安住在自性中。修並不涉入需禪修的事物與禪修之人的分析，也沒有昏沈或掉舉、散亂與迷惑。修是遠離禪修的對象與正在禪修。這是無修的大修。一旦我們獲致對見與修的信心，雖然這的確是我們在修行座上明確修持的某種東西，但在座下我們應該也要應用在座上所修持的見與修。座下的修持不應是不同的東西。

再多說一些關於見、修、行的無別：一開始，見被指引、本淨與任運的無二性之見。當透過修來保任見時，假如見被認為是客體而修是主體，那麼遍知智與慈悲就會從本淨與任運的顯發力自然地到來。這種顯發力並不是與見分開的某種東西。假如吾人對本淨見具有信心，那麼本智就會自然來到。且一旦吾人具有對本智見的信心，就毋須針對慈悲做其他的禪修，慈悲也會自動出現。

悲和智並非兩個不同的東西，因為智慧的顯發力投射出悲心，悲心的根源就是智慧。在此我們所談論的智慧並非僅是一般性的智慧，而是法性的真正智慧。

當諸佛領悟法性時，從其自性闡述了八萬四千法門。當法性被了悟且法被闡述時，諸佛的智慧、中觀、見，就從其顯發力投射而出。當吾人了知法性見時，就毋須再次聽聞或思惟。當法性見從內而現時，吾人毋須再次修學法性見。它會自然地從智慧界中顯現，猶如雨季時湧現的流水。法性見的顯現並非僅是為了技巧與名聲，而是不可避免地利益法教和眾生。這就是所謂的任運悲心。

佛陀明白一切眾生都是迷妄的，雖然佛陀並沒有任何固著的概念要承擔眾生的痛苦——有念的悲傷就是一個例子——但在任何眾生惡業和染污迸發之處，佛的悲心就會自然顯現。會如此，佛並沒有任何特定的使力，這是自然發生的，就像所有河流流向大海，而不是流到別的地方去。當悲、智、力的這些功德增長時，佛行事業就會自動完成。

何謂佛行事業？以一種無上的方式且無絲毫自利的概念來成就利益眾生。當吾人真正了悟了自性見，絕對沒有抱持任何自、他的分別。任何跟自己相關的佔有感都會崩解。透過對他人的大悲心，自己和他人變成平等的，絕對沒有任何分別。

打個比方，想像一下山巒、岩石、樹木、森林等等——大地上有形象的一切事物，大地並沒有滋養好的東西而拒絕壞的東西。大地對這一切一視同仁。同樣地，佛行事業遍滿各處，這種遍滿的特質是不可能徒勞無功的，它就像雨季的大雨，此時植物從岩縫中長出，樹木和森林必然會佈滿岩石和山巒，且自然穿越岩石和山地。佛行事業的自然作用可比喻為這樣。

當見、修、行被教導時，必須分開解說。當見被教導——自性猶如虛空——吾人可能會以為大圓滿跟其他的法乘相比，沒有見、修、行。假如我們只是教導空性見給那些漸道的追隨者，他們會傾向於認為此見是空空如也。為此緣故，見、修、行會從許多不同的角度來闡述。大圓滿並沒有詆毀或否定漸道的法乘。究竟上，對所有漸道法乘的了解萃煉出大圓滿見。其他法乘的見、修、行會通往大圓滿。

打個比方，假如你想要旅行到東方國家，所有往東的道路都會通往東方。相同地，所有九乘的見、修、行都是臻至大圓滿的方法，它們與大圓滿並不相扞格。假如吾人真正了悟大圓滿見，吾人就不會捨棄其他八個法乘，因為所有九乘的功德都自然俱現在大圓滿見中。無論某個法乘的功德為何——舉例來說，在聲聞乘中，要達到個人的解脫；或是在菩薩乘中，了悟二障遮蔽法性並為了他人的緣故而達到解脫——這一切都通往大圓滿的了悟。

雖然見、修、行有許多形式，所有的形式都是一味的。了悟一味見就像是把一座橋蓋在一百條河上。當吾人圓滿了大圓滿，一切九乘的見、修、行功德都實現且完備。某個真正了悟大圓滿的人能夠解說九乘的所有次第。吾人會自然具有知曉九乘整個進程一切要點的能力。

在西藏有八個主要的學派，稱做實修傳承的八車乘。這八車乘都有灌頂、釋論、和口訣。這些不同的見都通往一個究竟的直指、大圓滿見、阿底瑜伽。勝義的直指、第四灌頂，被認為是一切灌頂的究竟。在密續中有十類教義：如是之見、確定之行、壇城的佈置、漸進等級的灌頂、不可違犯的三昧耶、佛行事業的示現、願力的酬補、帶來目的實現的供養、不動搖的觀修、與咒語的持誦。但假如吾人獲致對法性見的信心，這些全都會從中顯現。這些都會俱現且毋須向別處尋求。因此，即使我們討論至此的教訣文字並不多，但都涵蓋了所有的精華。

這些寥寥數語所教導的，就是大圓滿的本淨之見。縱使吾人能聽聞並觀修所有八萬四千法門，吾人也會發現究竟上除了《椎擊三要》並沒有其他需要指引的。即使吾人把這三要與一百位博學上師和一千位成就者的法教相比，吾人也會發現他們除了《椎擊三要》並沒有別的可教導。當我們了知此法教的意義，即此法濃縮了所有要點於一，且冠蓋群倫，我們就會發現，就像密咒金剛乘中所說的：「這就是即生成佛的建言。」

遍知隆欽・冉江了知大圓滿九界與三部的全部意義，與普賢王如來無二無別。假如我們真的遇見了隆欽・冉江並從他那兒領受法教，他所教導我們的也不會超出《椎擊三要》。持明吉美・林巴、吉美・嘉威・紐古、與所有三種傳承的持明與上師，也不可能教導我們超出這個教訣的任何東西。

在此見中，有許多詳盡的法教可引導我們，例如與前行和正行相關的法教，全是通往此甚深見的階梯。當吾人的修行，符合了這些教訣、八萬四千法門的精髓時，即使吾人只是透過個人的覺受有了見的一瞥，吾人對此生的煩惱和貪執也會自然地解脫。

在這個五濁惡世，人類的壽命短暫、智慧昏暗，且努力不足，值遇如此不共的法教，能讓吾人在一生中獲得解脫，猶如發現雪獅的奶。所有先前的傳承上師到我為止，不僅闡述了文字，也具有此大圓滿見的真正覺受。假如吾人在手中握有一株藥草，就可以清楚地看到此藥草的大小、形狀、紋理、和顏色。同樣地，傳承上師透過他們的自身經驗獲得信心並從其證悟來教導。

巴楚仁波切的《椎擊三要》口訣言簡意賅。我所給予的解說，與我所領受與所了知的內容相吻合。假如你如法地修持，非得解脫不可。但是，只是修持一、兩天，還不夠。在這麼短的時間內，我們不可能破除我們的迷惑。即使你不能花上一輩子的時間持續地閉關修行，也請每天盡可能地多多修持。如同所云：「滴水可聚成海。」因為透過持續的修行，法教會變得越來越甚深，迷惑就會自然地被清淨，而所有善妙的功德也會自動地開展。這些就是三種傳承上師的口訣。

這些教訣不應該公開地討論，或未經仔細考量就向大眾弘傳。考慮到這個末法時期與我們短暫的壽量，為了那些具有善業與善緣的人，我講授了這些甚深的文字。我給予這些法教的發心，是為了在此五濁惡世中對如此修持感興趣的眾生，能夠遣除輪迴的迷惑。假如如法地修行，必然會有利益。正因為是有利的，假如我們在身上開始增長某些覺受，就會了知此法教的重要，並知道為何我說它涵蓋了所有的要點。有種說法，說智慧的徵兆是我們被調伏，而有修持的徵兆是沒有煩惱。煩惱的繫縛會被砍斷，且透過上師的仁慈，我們會認出所有重要的教訣。

佛法就是我們必須嫻熟與重複的事物。僅是聽聞佛法的音聲能關閉下三道之門，但僅是這樣不能帶來解脫。我們應該要一再地聽聞佛法。就像瑞巴．希瓦．沃（Repa Shiwa Ö）所說的：

「即使隻字法教也能於一生臻至佛果，

一再修學是善行之基，

研讀諸多書籍乃傲慢之因，

僅從證悟上師領受一字口訣是證悟之基。」

透過教訣的隻字，也能證得解脫。透過隻字獲得解脫，我們就會了知佛法的意義。釋迦牟尼佛在三大阿僧祇劫中累積福德，獲得證悟、並僅為了眾生之故而轉動法輪。假如我們了知這個要點，佛的願景就會實現，也能成就利益眾生。聽聞法教並長時間精勤地地思惟法教，是必要的。沒有精勤，在我們身上就不可能增長功德。

假如我們努力地向著佛法，就會越來越了悟佛法甚深的重要性。否則，我們就會認為：「喔，這就是佛法。」沒有得到對佛法的任何信心。但假如我們持續地努力，長久以往，我們的信心就會增強。僅是為了領受一個佛法的偈誦，登地的菩薩會鼓起勇氣穿越三界，縱使被火焰所吞噬。當我們了知佛法的重要，就能夠為了法的緣故，捨棄自己的身體、生命、和快樂。若視後者的價值無異於一粒芥子，我們就會認為：「我隨時都能得到這些，所以不妨放下這些。」這就是對佛法有信心的徵兆。繼續修行直到我們對見、修增長了不共的信心為止，是非常重要的。之所以重要的原因，我已經根據我所知道的都加以解說了。假如你們每個人都能如法地花時間修行，你們就會了悟立斷的本淨、大圓滿見。

智者師利・嘉波的不共法教：
《椎擊三要》英中版

頂禮上師

見是隆欽．冉江（無盡大空界），
修是欽哲．偉瑟（悲智光），
行是嘉威．紐古（佛芽），
以此方式修持者，
一生成佛確無疑，
即使不成仍快樂——阿拉拉！

見，隆欽．冉江，如下：
三句椎擊之要點，
初為任心鬆坦住，
無散無緊——唯無念，
放鬆保任此境中，
倏然喊出解念呸，
短、強、銳利——唉瑪吙[19]！
無論何事——全脫除。
脫除且徹底開放，

19 譯注：奇哉！讚嘆的意思。

難詮之全然開放，
認出即法身覺性，
認出自性乃一要。

此後無論思或止，
無論貪、嗔或樂、憂，
一切時中與際遇，
指認已認之法身，
子明光知母相會。
安住離詮覺性境，
屢摧止、樂、明與思，
悲智種字霎擊倒，
座上座下無分別，
座間休息無區隔，
持續安住無別境。
只要尚未得定力，
修行須得捨散亂，
禪修分座而為之。
一切時中與處遇，
保任唯法身相續，

確定除此別無它，
決定於一乃二要。

此時愛憎與悲喜，
一切過念悉無餘，
指認境中無留痕，
認出法身即解脫，
猶如水上作畫喻，
無竭自現自解脫。
任顯皆覺空鮮食，
任念為法身王詮，
無跡且本然自由——阿拉拉！
念起相同於先前，
唯解脫法最勝要，
無此修乃迷惑道，
俱此無造法身境。
具解脫信為三要。

具備三要之此見，
悲智雙運之此修，

佛子普行所助持，
三時諸佛齊傳授，
無出勝此之口訣。

覺顯法身伏藏師，
於智界中取此藏，
不似地、石所萃取，
乃極喜金剛教誡，
三種傳承之心要，
秘密囑咐予心子，
其心甚深義與字，
字字心要精華義，
勿使精華義消褪，
勿使此口訣消散。

此乃智者師利·嘉波之不共法教。

合乎怙主頂果·欽哲與祖古·貝瑪·旺嘉的口耳教授，之後數度從怙主祖古·烏金與秋吉·尼瑪仁波切受教，此文由艾瑞克·貝瑪·昆桑於1987年譯於桑耶青浦。

智者師利 ‧ 嘉波的不共法教：《椎擊三要》藏中版

頂禮上師

見是隆欽 ‧ 冉江（無盡大空界），
修是欽哲 ‧ 偉瑟（悲智光），
行是嘉威 ‧ 紐古（佛芽），
以此方式修持者，
一生成佛確無疑，
不成心樂阿拉拉！

見是隆欽 ‧ 冉江矣：
三句椎擊之要點，
初為自心鬆坦住，
無散無緊——唯無念，
放鬆保任此境中，
倏忽喊出解念呸，
短、猛、強力——唉瑪吙！
任何皆非楞然中。
楞然之中具通澈，
於通澈中難言詮，
法身本覺得認出，

自見本性乃一要。

之後無論馳或住，
無論貪嗔或苦樂，
一切時中與分際，
認出已識之法身，
嫻熟母子明光會。
安住離詮覺性境，
屢摧住、樂、明與馳，
悲智種字驟降下，
入定後得無分別，
座上座間無差異，
無別境中相續住。
然而未得定力前，
須捨散亂珍重修，
禪修分座而為之。
一切時中與分際，
唯一乃保任法身，
自此決定別無它，
決斷於一乃二要。

此時愛憎與悲喜，
驟起念頭悉無餘，
指認境中無留痕，
認出法身即解脫，
猶如水上作畫喻，
無竭自顯自解脫。
任顯覺空新鮮食，
任念法身王之力，
無跡自主阿拉拉！
念起與先前偕同，
唯解脫法最勝要，
無此，修乃迷惑道，
依此，無修法身境。
具解脫信乃三要。

具備三要之此見，
悲智雙運之此修，
佛子普行為助伴，
三時諸佛齊競出，

無出勝此之口訣。

明力法身伏藏師，
於智界中取此藏，
不似地、石所萃取，
極喜金剛之教誡，
三種傳承之心要，
以此囑咐予心子，
具甚深義之衷言，
此乃衷言精華義，
勿棄精華義消散，
勿使此口訣漏失。
智者師利 · 嘉波不共法。

譯注：此巴楚仁波切《椎擊三要》釋的原頌，因前文英譯版與藏文有些微出入，故譯者對照藏文重新中譯、修訂，藏中版較為詳實。

頂果・欽哲之友與雪謙寺
簡介

頂果・欽哲之友（Dilgo Khyentse Fellowship）是一個非營利組織，專為延續頂果・欽哲仁波切的精神、文化遺續。與其隸屬的全球雪謙分部，保存與促進藏傳佛教子民的獨特文化傳承。

在冉江仁波切的指導之下，雪謙寺提供了佛學、禪修、與神聖藝術的真正教育給超過一千名的兒童與僧尼。其組織包括了寺院、尼院、佛學院、和閉關中心等，遍及尼泊爾、印度、不丹、與西藏等地。

雪謙西藏傳統藝術學院（也稱為慈仁藝術學校，Tsering Art School）訓練學生學習西藏東部的傳統繪畫與手藝，雪謙文獻（Shechen Archive）保存了珍貴的西藏書籍、照片、和藝術品，而雪謙出版負責再製與出版現存的典籍與譯本。

頂果・欽哲仁波切的慈善事業則透過雪謙方便事業（Karuna-Shechen）所督導的人道計畫來進展，包括了雪謙醫療診所（Shechen Medical Clinics）和在尼泊爾與印度等地進行的社會救助。

頂果・欽哲之友的工作，來自私人捐贈、功德主計畫、與基金會等贊助，詳細資料請詳見以下網站：www.shechen.org。

台灣雪謙寺的法脈傳承
歡迎您的加入與支持

雪謙法脈在台灣的佛學教育主要由堪布負責，堪布即為佛學博士，須在　雪謙冉江仁波切座下接受嚴格指導和正統佛學教育，並完成研習佛教經典、歷史以及辯經的九年佛學課程，對顯教密咒乘的典籍，都有妥善的聽聞學習完畢，其法教傳承實為珍貴難得。

目前尊貴的　雪謙冉江仁波切分別指派堪布　烏金徹林及堪布　耶謝沃竹來擔任高雄及台北佛學中心之常駐，負責中心的發展。

二處佛學中心所要傳遞給世人的是源自諸佛菩薩、蓮花生大士乃至頂果欽哲仁波切以來，極為清淨之雪謙傳承教法，而本教法的精神所在，也在教導世人如何學習並俱足真正的慈悲與智慧。秉持著這樣殊勝的傳承精神，佛學中心在二位堪布的帶領下，以多元的方式來傳遞佛陀的教法，期盼由此可以讓諸佛菩薩無盡的慈悲與智慧深植人心，帶領一切有情眾生脫離輪迴苦海。

台灣雪謙佛學中心是所有對　頂果欽哲法王及　雪謙冉江仁波切有信心的法友們的家，對於初次接觸藏傳佛教的信眾，不論任何教派，也非常樂意提供諮詢建議，期許所有入門者皆可建立起正知見及正確的修行次第。二位常駐堪布規劃一系列佛法教育及實修課程，由此進一步開展雪謙傳承教法予台灣的信眾們，讓所有人都有機會親近及學習頂果法王的教法。

目前台北及高雄固定的共修活動有：前行法教授、文殊修法、綠度母共修、蓮師薈供、空行母薈供、………，也不定期舉辦煙供、火供、除障、超度…等法會。

我們竭誠歡迎佛弟子們隨時回來禮佛並參與共修及各項活動。

重建尼泊爾雪謙寺——延續愛與慈悲

2015 年的大地震，震毀了尼泊爾多處家園，位於首都加德滿都雪謙寺的 500 多名僧侶在 揚希仁波切及給色祖古的帶領下，義不容辭的全力動員，投入救災救護工作，日以繼夜地撫慰災民的心靈。

於此同時，尼泊爾雪謙寺也受到了強震的摧殘，多處損毀、牆壁地板龜裂、樑柱結構損傷，專家們評估後，已將雪謙寺大殿及部份樓房列為『危險級建築』，未來將需龐大的整修及重建工程。

尼泊爾雪謙寺是 1980 年在頂果欽哲法王監督下，投入最大心血所打造的寺院，每一個細節、每一處角落、每一塊磚瓦、每一幅壁畫，都充滿了法王為延續佛法精神所注入的愛與慈悲。在如此艱困的時期裡，我們非常需要您能伸出援手，衷心期盼您的涓滴成河，得以讓尼泊爾雪謙寺的重建工程能順利進行，讓它恢復往昔的光采輝煌，繼續成為人們心靈庇護與佛法教育的重要殿堂。

寺廟與佛塔能為地方眾生帶來安樂、吉祥的環境，降服一切負面力量，行供養協助廟宇的重建，將為自己與他人帶來無限利益。

【護持方式】

戶名：高雄市顯密寧瑪巴雪謙佛學會

郵政劃撥帳號：42229736（劃撥者請註明 " 賑災 " 及地址電話）

郵局帳號：00411100538261　ATM 轉帳郵局代碼 700

銀行轉帳：兆豐銀行 017（三民分行）

銀行帳號：040-09-02002-1

劃撥者請註明贊助項目及地址電話，轉帳或匯款請用 e-mail 或傳真告知後 5 碼及姓名地址，方便郵寄可報稅收據。

護持佛事，成就自他

尼泊爾及不丹雪謙寺均由尊貴的頂果法王所創辦，印度雪謙寺則由尊貴的冉江仁波切繼承法王遺願所完成，目前約有五百多名前來各地雪謙寺接受佛學院、

閉關中心、唐卡藝術等完整佛學教育的僧尼。我們需要您的協助來支持所有僧尼們在食、衣、住、醫療等方面的開銷，使他們得以順利繼承豐富的傳統文化及殊勝的法脈傳承。

每年各雪謙寺都有新舊設施之成立與修建工程、年度各法會活動與盛典持續在進行，這些活動均需要您的力量才能圓滿完成！

若您願意隨喜發心護持以下佛事，我們衷心感謝！

一、護持寺院建設：每年需約 NT 50,00000

（1）印度斯拉瓦斯帝（舍衛國）將興建容納約五百人之佛學院

（2）印度八大佛塔的興建與維護

（3）不丹阿尼寺閉關房的重建

（4）雪謙醫療診所的營運

二、護持寺院活動：每年需約 NT 30,00000

（1）僧尼教育基金

（2）印度、尼泊爾、不丹聖地點燈

（3）結夏安居齋僧

（4）年度竹千法會

您可循下列方式捐助善款，並與我們聯繫！

郵局劃撥帳號：42229736

郵局帳號：00411100538261　ATM 轉帳郵局代碼 700

帳戶名稱：高雄市顯密寧瑪巴雪謙佛學會

ATM 轉帳：兆豐銀行 017（三民分行）

銀行帳號：040-09-02002-1

帳戶名稱：高雄市顯密寧瑪巴雪謙佛學會

地　　址：高雄市三民區中華二路 363 號 9F-3

聯 絡 人：0919-613802（張師兄）

電　　話：（07）3132823

傳　　真：（07）3132830

E-mail：shechen.ks@msa.hinet.net

網　　站：http://www.shechen.org.tw

您的善心終將涓滴成河，使雪謙傳承得以成就更多佛事，圓滿更多利他事業！

頂果法王心意伏藏

實修入門講座報名表

從最初的四轉心到上師瑜珈乃至三根本大圓滿法密乘法門是需要循序漸進的學習與實修，臺灣雪謙中心將對 頂果欽哲法王所取出的心意伏藏－「貝瑪寧體」展開一系列由淺入深，由外至密的課教授，內容依次第包含了從初階的四加行、中階的上師相應法、高階的三根本至密階的大圓滿法。

◎目前將由中心勘布烏金徹林對「實修入門」－四加行的前行教授開始。第一階段課程內容包含了從基礎的七支坐法、語加持、九節佛風、皈依發心、大禮拜到金剛薩埵百字明觀修。

教授堪布：雪謙高雄常駐——堪布烏金徹林於本課程教授中再再慈悲叮嚀：「頂果法王的教言中一再提到前行法的重要性，如同建造房屋的地基，地基穩固的重要性是無庸置疑。前行實修對於入門的修行者是非常重要的，而修持前行之目的，不僅僅能為自身累積福德資糧，更能使行者自心清淨，調伏安忍情緒，堅定正知正念，為成佛證悟之道奠下穩固的基礎。」

姓名：　　　　　　　　　　　　已皈依：□是　□否

電話：　　　　　　　　　　　　性　別：□男　□女

住址：

講座地點：高雄－高雄市三民區中華二路 363 號 9F-3（高雄中心）
台中－台中全德佛教文物
台中市西區英才路 583 號
台北－台北市中山區龍江路 352 號 4 樓（台北中心）

開課日期：高雄每月第一個星期日上午 10：00
台中每月第二個星期六下午 02：00
台北每月第二個星期日上午 10：00

報名傳真：07-3132830
報名 mail：shechen.ks@msa.hinet.net　http://www.shechen.org.tw
報名電話：07-3132823　　0919613802（張師兄）

轉世只是開始

前世的悲願

今生的奉獻

圓滿

菩提之心　成就之路

DVD 現正發行中

尊貴的　頂果欽哲揚希仁波切本名為鄔金•天津•吉美•倫珠，他是藏傳佛教備受尊崇之偉大上師的轉世。仁波切從四歲開始接受訓練，以承續這個傳承。即使擁有多位上師以及家人的慈愛與扶助，前方之路依舊充滿了挑戰：其中包括攸關其傳承在現代社會所扮演的角色，和他自身的才能等問題，仍會一一浮現、考驗著這位轉世。

本片花了十四年的時間走訪了不丹、尼泊爾、印度、法國、美國等地拍攝，完整紀錄揚希仁波切的成長歷程，並由仁波切以自述方式帶領我們進入藏傳佛教平易近人的生活樣貌，揭顯了這位重要轉世者不凡的精神層面。

片中收錄了達賴喇嘛、頂果欽哲揚希仁波切、宗薩欽哲仁波切、日噶康楚仁波切、吉美欽哲仁波切、雪謙冉江仁波切、措尼仁波切、馬修李卡德等多位當代著名上師的重量級訪談，精彩罕見、不容錯過。

另附精彩花絮：2008 年雪謙寺藏曆新年慶典—雪謙寺金剛舞、2010 年頂果法王百歲冥誕紀念法會、2010 年揚希仁波切首度世界巡訪（包括歐洲之行、亞洲之行）及不丹本塘之旅等。

【頂果欽哲法王文選】 頂果欽哲法王 Dilgo Khyentse Rinpoche 著

修行百頌

項慧齡 譯

定價：260 元

《修行百頌》是十一世紀的偉大學者帕當巴．桑傑的心靈證言，由頂果欽哲法王加以論釋，意義深奧又簡明易懂。

覺醒的勇氣

賴聲川 譯

定價：220 元

本書是頂果欽哲法王針對「修心七要」所做的論著。「修心七要」是西藏佛教所有修持法門的核心。

如意寶

丁乃竺 譯

定價：260 元

依著第十八世紀聖者持明吉美林巴所撰述的上師相應法之修持教義，頂果欽哲法王在本書中，著重於傳授上師相應法的虔誠心修行，也就是與上師的覺醒心合而為一。

你可以更慈悲

項慧齡 譯

定價：350 元

本書是法王頂果．欽哲仁波切針對藏傳佛教最受尊崇的法典「菩薩三十七種修行之道」所做的論釋。

證悟者的心要寶藏

(唵嘛呢唄美吽)

劉婉俐 譯

定價：280 元

在本書中以特別易懂、易修的方式，陳述了完整的學佛之道：從最基礎的發心開始，臻至超越了心智概念所及對究竟真理的直接體悟。

成佛之道

楊書婷 譯

定價：250 元

本書是頂果欽哲法王針對蔣揚．欽哲．旺波上師所撰的金剛乘前行法之重要修持加以闡述，明示了金剛乘修持的心要。

明月：頂果欽哲法王自傳與訪談錄

劉婉俐 譯

定價：650 元

本書分為兩大部分：第一篇是頂果．欽哲仁波切親自撰寫的自傳，第二篇為仁波切的主要弟子的訪談記事。是深入了解頂果法王生平、修學過程與偉大佛行事業的重要文獻與第一手資料，值得大家珍藏、典閱與研學。

明示甚深道：《自生蓮花心髓》前行釋論

劉婉俐 譯

定價：300 元

本書是頂果欽哲仁波切主要的心意伏藏之一，從前行法直到最高階修法的大圓滿，此書是前行的珍貴講解。

醒心

米滂仁波切 原著

頂果欽哲法王 輯錄

張昆晟 譯

定價：250 元

本書分為三段，第一部為主題，前譯寧瑪的巨擘「文殊怙主　米滂仁波切」寫在《釋尊廣傳．白蓮花》裡的修法，講述透過釋尊身相而修習止觀的瑜伽法門；第二部，具體觀想、祈禱釋尊的方法──〈釋尊儀軌．加持寶庫〉；第三部是兩則〈釋尊讚〉。

本淨：《椎擊三要》口訣教授

頂果．欽哲法王 講授

劉婉俐 譯

定價：300 元

頂果法王親述的《椎擊三要》法教，曉暢易懂，卻又櫛次謹嚴、深廣奧妙，實是大圓滿法行者在聞、思、修中的必備法炬。

淨相：金剛乘修行的生起次第與圓滿次第

頂果．欽哲法王 講授

劉婉俐 譯

定價：300 元

頂果法王依序解說了金剛乘生起次第與圓滿次第的要點，包括：生起次第的基礎與前行──灌頂的類別、內容、和涵義。

頂果欽哲法王文選 11

本淨
《椎擊三要》口訣教授

國家圖書館出版品預行編目 (CIP) 資料

本淨 : << 椎擊三要 >> 口訣教授 / 頂果 . 欽哲法王講授 ; 那瀾陀翻譯小組輯錄 ; 劉婉俐中譯 . -- 初版 . -- 高雄市 : 雪謙文化 , 2017.10
面 ;　公分 . -- (頂果欽哲法王文選 ; 11)
譯自 : Primordial Purity
ISBN 978-986-90066-3-7(平裝)

1. 藏傳佛教 2. 佛教修持

226.965　　106018317

講　　授　頂果．欽哲法王
輯　　錄　那瀾陀翻譯小組
中　　譯　劉婉俐
發 行 人　張滇恩，葉勇瀅
出　　版　雪謙文化出版社

戶名：雪謙文化出版社
銀行帳號：兆豐國際商業銀行　三民分行（代碼 017）040-090-20458
劃撥帳號：42305969
http://www.shechen.org.tw　e-mail：shechen.ks@msa.hinet.net
手機：0963-912316　傳真：02-2917-6058

台灣雪謙佛學中心
高雄中心　高雄市三民區中華二路 363 號 9F-3
電話：07-313-2823　傳真：07-313-2830
台北中心　台北市龍江路 352 號 4 樓
電話：02-2516-0882　傳真：02-2516-0892
行銷代理　紅螞蟻圖書有限公司
地址：台北市內湖區舊宗路 2 段 121 巷 28、32 號 4 樓
電話：02-27953656　傳真：02-27954100

印刷製版：中原造像股份有限公司
初版一刷：2017 年 11 月
二版一刷（修訂版）：2020 年 5 月
ISBN：978-986-90066-3-7（平裝）
定價：新臺幣 300 元